Everything's Gonna Be Alright!

# あなたの願いが いきなり叶う☆「ヴォイドの法則」

佳川奈未
Nami Yoshikawa

ビジネス社

もっと楽に進む「まえがき」

# あなたを引き上げる運命のしくみ

いま不本意な現実にいるというなら、
それこそが運気好転のサイン！

この本は、あなたの〝理想と現実のギャップ〟をなくし、すんなりと、楽に、思い通りの世界に入るための、「新時代の惹き寄せマニュアル」です。

本書のタイトルにある、「ヴォイド」とは、なんぞや？　と思われた方も多いことでしょう。

ズバリ！　それは、運命の〝はざま〟の領域であり、場面であり、時間のことです！

つまり、あなた自身のレベルや人生のステージが上がるときや、運命が切り替わるとき、より飛躍する必要があるときに、この人生の一時期に現われるものです。

**そこは、〝空白の時空間〟を意味するものでもあります！**

〝空白〟といっても、〝何もない〟ということではなく、むしろ〝すべての可能性〟がそこにあります！　チェンジ・マイ・ライフを叶え、「不本意な現実」と「理想の現実」の橋渡しをする役割を担っています！

そして、あなたは人生にやってくる「ヴォイド」というその領域、その場面、その時間を、ただ、ぬけるだけでいいのです♪

**ぬけるだけで、あなたは新しい現実であり、「理想の世界」に入れるからです！**

**そして入ったと同時に、いきなり、望んでいたものすべてが目の前に現われます！**

そこには見違えるような景色があり、これまで手にすることができなかったほしかったものや、素晴らしい宝物がたくさんあります！　申しぶんのないパートナーや、いい仕事、大きなお金、素晴らしい仲間、さらなるチャンスまでもがあります！

なぜ、そんなものが現われたのかというと、あなたが「ヴォイド」をぬけて、元いた場所より、より一層、高い場所に移動したからです！

あなたは「ヴォイド」のとき、あらゆる進化を自動的に遂げることになり、それによって、ある意味、勝手に引き上げられるということでもあるのです！

しかし、そんな自動的な「ヴォイド」には、さまざまな特徴があるのはもちろんのこと、あなた自身が意図的にやれるぬけ方の秘訣や、宇宙の神秘的な働き方があります。それをここから、あれこれお伝えしていきましょう！

本書を手にした限り、きっとあなたは、その「ヴォイド」の領域、場面、時間をうまくぬけられ、スピーディーに、願いや夢が叶った現実という、「理想の世界」にいることになるでしょう！

というわけで、さっそく本文へどうぞ♪

２０１９年　４月

ミラクルハッピー　佳川　奈未

Contents　あなたの願いがいきなり叶う☆「ヴォイドの法則」

## Chapter 2

# すべてが叶った☆おいしい領域へと入る♪

「理想」と「現実」のギャップを超えて、よろこびの世界へどうぞ！

## Chapter 3

# おもしろいほど惹き寄せる☆磁力を加える♪

うれしくなるものを歓迎し続けなさい！
もっとステキに夢みなさい

# Chapter 4

# 満たされた人生をエンジョイする！

*Chapter 1*

# 上昇のはざま現象☆ヴォイドの法則

「いまいる場所」から、「行きたい場所」へ、
あなたを移行させる方法

# すべてが叶った夢の世界へ、入る！

そこを目指して進むとき、
まるで自動操縦のように運命が機能する！

「ヴォイド」とは、あなたの人生がより良くなるときや、運命の切り替え場面や、より高みに引き上げられるときに、この人生に一時的に現われる〝領域〟であり、〝時間〟であり、〝場面〟です。

また、あなたの魂がより進化し、より高い波動になるときに、遭遇するものでもあります。

これを、願いや夢を叶えることでいうと、あなたが「まだ、何も叶えていない状態」から、「すでに、すべてが叶った状態」に〝入る〟ための中間の領域であり、場面であり、時間です！

「ヴォイド」は、**まさに運命の〝はざま〟であり、ここからあなたをより良く引き上げるための、重要な「空白の時空間」なのです！**

その〝はざま〟をぬけるだけで、あなたは望むものが何でもそろった「理想の世界」に入ることができます！

入る方法を知ろうとする必要はありません。ただ、そこを〝ぬける〟だけでいいからです！

**「ヴォイド」をぬけるだけで、あなたは自動的に「理想の世界」に入っており、人生がガラッと一変します！　そのとき、目の前には望んでいたものすべてがあります！**

さて、これから、そこを〝ぬける〟ために、あなたの願いや夢や目標と、「ヴォイド」がいったいどういう関係になっているのかをみていきましょう！

それを知らずして、この先には、進めないからです。

まず、最初にお伝えしておきたいことは、あなたが願いや夢や目標を叶えるという人生のコースは、飛行機が目的地に向かうコースと実によく似ているということです。そして、あなたの人生に現われる「ヴォイド」という領域、場面、時間は、飛行機が目的地に着く途中で出くわす「エアポケット」（乱気流の層）の領域、場面、時間に、よく似ています。

たとえば、飛行機が地上から飛び立てるのは、これから自分が行くべき場所がアメリカなのか、フランスなのか、ドイツなのか、「どこへ行きたいのか」、その〝行き先〟をあらかじめ、ちゃんとわかっているからです。

〝行き先〟を自覚したら、飛行機はゆっくり機体を動かし、飛び立つ方向に頭を向けるわけです。そう、自分の目指すものはこっちにある！　と。

そして、そこに向かうべく滑走路に出たら、その長い、長い路《みち》を、最初はゆっくりと進み出し、徐々にスピードを上げ、やがて全速力で走っていきます。

そのとき、スピードを上げれば上げるほど、大きな抵抗にあいます。が、飛行機は抵抗があるからといって怯《ひる》みませんし、走るのをやめたりしません。

**もし、そこで怯んだり力を弱めたりすると、落ちるからです。それゆえ、むしろ、もっとスピードを上げていきます！**

すると、あるとき、ふわっと軽くなり、飛び立つことができるのです！

大きな抵抗力があるからこそ、飛行機は上に上がれるのです。より大きな抵抗にあえばあうほど、自分は力をつけることになり、まわりがこちらを持ち上げてくれることになり、すべてがかんたんになります！

それゆえ、抵抗が大きくなってきたときほど力をぬかずに、思い切り行く！　そうすれば、しっかり上に引き上げられるからです！

これら一連の飛行機のあり方は、あなたが何かしらの願いや夢や目標を叶えるときにも、わかっておきたい態度です。

さて、飛行機は〝行き先〟（目的地）に向かっていったん飛び立ったら、あとはひたすらそこを目指して進むだけです。

あなたにも叶えたい「理想の人生」があるというなら、自分がこれからどこに行きたいのか、どこにたどり着きたいのか、その〝行き先〟（目的地）＝目指すものを、あらかじめちゃんとわかっておいてほしいのです。

決して、「どこに向かえばいいのか、わからない」なんて言わないでください！　行き先がわからなければ、進むことはできず、どこにもたどり着けないからです。

**〝行き先〟(目的地)さえ決まれば、自動的に目の前に道は現われ、必要なルートが示されます! あとは、そこに向かって進めばいいだけ♪**

そして、あなたが目指すものを見失わず、怯まず、そこに向かい続けるなら、飛行機が自動操縦していても目的地に着くように、当然のごとく、そこに着けます!

しかし、飛行機には、途中、通らなくてはならない必要な領域があります。それは、どこでしょうか?

そう、「エアポケット」(乱気流の層)です!
それは、まさに、あなたの人生の「ヴォイド」の領域!

その領域の特徴とぬけ方さえ知っておけば、何も心配いりません。あなたは見事にゴールでき、「理想の世界」に入れます!

では、その「ヴォイド」の領域とか、特徴というのは、いったいどういうものなのでしょうか?

そこをしっかりわかっておく必要がありますよ! というのも、あなたの運命がそこから、より良いものに変わることになるわけですからねぇ〜。

次の項で、お伝えしましょう!

# ようこそ☆運命の〝はざま〟へ♪

## 欲求と達成の間にいるとき☆
## この〝中間層〟は、いったいどんなもの？

「ヴォイド」は、あなた自身と、あなたの人生を引き上げる〝上昇のはざま現象〟であり、あなたが人生の新たなステージに移るとき、つまり、運命が飛躍するときに現われるものです！

その「ヴォイド」は、飛行機が目的地に向かう途中で現われる「エアポケット」（乱気流の層）に似ているわけです。

それを経験したことのある人はわかるでしょうが、「エアポケット」という乱気流の中は、ガタガタして、不安で、不快で、不安定で、落ち着きません。ときには霧が立ち込め、一切先がみえず、どうなるのかとはらはらするもの。あまりにもガタつくときには、「このまま、落ちやしないか」と、そんな心配や恐れを抱くこともあるものです。

同じように、**あなたの人生に「ヴォイド」がやってくると、運命のはざまで何かと不安定になります。**

心が揺れ動いたり、心配が増えたり、どうすればいいのかわからないと混乱したり、問題や悩みを抱えたり、物事がガタガタし、落ち着かないものです。

先のみえないトンネルに入ったような感じでもあり、進むべき道がみえなくなったり、手探り状態になったり、自分を見失ったり、目指していたものがわからなくなったりします。また、まわりの人との関係にも何かと変化が現われたりします。

ときには、運がいったんドンと落ちたりもします。そのとき、お先っ暗に感じたり、一時的に何かに絶望したりもします。

とにかく「ヴォイド」は〝古い自分〟から〝新しい自分〟に生まれ変わるはざまでもあります。そのとき、古い殻をぬぎすて、新しいエネルギーをまとうもので、何かを変えたり、手放したり、捨てたりしたくなります。

また、「ヴォイド」は〝破壊〟と〝再生〟のはざまでもあります。これまでうまくいっていたことがうまくいかなくなったり、大切なものや何かが壊れたり、誰かとの関係がぎくしゃくしたり、壊れたりもします。

そして、「ヴォイド」は〝低い波動〟から〝高い波動〟へと、あなたをシフトさせるものでもあります。これまでの価値観が役に立たなくなり、新たな価値観を手にするものです。また、いまいる場所が居心地悪くなったり、満足できなくなったりして、違う場所へと移動したくなったりします。

これまでやっていたことに興味がなくなり、もっと別のことをやりたいと感じ、やりたいことが変わったりします。

あなたの波動が切り替わるので、一時的に何かが危うくなったり、上がるためにいったん落ちたり、出逢うために別れたりと、さまざまな変化を経験するものです。

一見すると、これらは、「いやなこと」ばかりのようにみえますが、そうではありません。むしろ、あなたにとっては「いやなこと」であるからこそ、そこから「より良くなれる」ということなのです！

逆にいうと、この不本意な状態がなければ、人は、より良くなどなれません。

そして、**心配はいりません。それは一時的なものだからです！　むしろ、歓迎してもいいくらいです！**

というのも、程度の違いはあるにせよ、この「ヴォイド」を通して、不本意な状態をちゃんと迎えられることこそが、

「正しくあなたが自分の道を進んでいる」ということであり、

「正しくあなたが人間的成長をしている」ということであり、

「正しく人生が上向きになっている」ということであり、

「正しく魂が次元上昇している」ということだからです。

また、

「正しく宇宙があなたの理想をクリエイトしている！」

「正しく宇宙があなたを本来の目的地へいざなっている！」

「正しく宇宙があなたのすべてを引き上げている！」

ということでもあるからです！


**それは、あなた自身やあなたの人生にとって、望む状態を叶えるための〝必要な変化を生み出す領域〟であり、シフトゾーンであり、切り替え場面であり、次のステージへの待機場面であり、移動時間なだけだからです！**


さて、では、この「ヴォイド」は、どうすればぬけることができるのでしょうか？

その肝心な点について、次の項よりお伝えしましょう！

# 高いレベルの波動をまとう

低い自分から、高い自分になるだけで、
すべてのことは好転する♪

飛行機が「エアポケット」をぬけるというのは、さらに高度を上げ、より上空の〝ワンランク上の領域〟に入ることです。

そのとき、目の前には澄み切った素晴らしい景色が広がり、安定フライトがあり、快適な空の旅があります♪

安堵に満ちた時の中、誰かと語り合ったり、感動的な映画をみたりしているだけで、おいしいごちそうやワインが差し出され、楽しんでいるうちに、勝手に目的地に着くのです！

そして、タラップを降りると、すでに、あなたは憧れていた「理想の世界」に入っており、「やったー♪」とよろこぶことになります。

人生に現われる「ヴォイド」のときもまさにそんな感じで、ただそこをぬけるだけで、みたことのない素敵な景色、新しい人生、理想の世界が勝手に現われるのです！

さて、あなたの「理想の世界」に、ここから入っていくために、「ヴォイド」の領域や場面や時をぬけるには、いったいどうすればよいのでしょうか？

ズバリ、それは、低いレベルの波動から、高いレベルの波動をまとったあなたになることです！　つまり、重たいエネルギーから軽やかなエネルギーになり、波動を引き上げ、進化するということです！

## そのために、「捨てる」「手放す」「壊す」を自発的にやることです！

そう、すっかり古くなったもの、重たいだけのもの、余計なもの、役に立たなくなったもの、もはやどういじってもお手上げなものを！

それだけで、あなたは軽やかなエネルギーになり、高いレベルの波動をまとう人になれます！

とにかく、叶えたい願いや夢や目標があり、それらがまだ叶っていないというのなら、その不本意な現実から、すべてが叶った本望の現実に入る「ヴォイド」をぬけてください。「捨てる」「手放す」「壊す」を通して！

古い殻を脱ぎ、重たい荷物をおろし、余計なものを手放し、いさぎよくいらないものを捨て、不本意な場所から去ることです。

それは、あなたの内側はもちろん、外側にあるものに対しても、そうするということです。必要に応じて！

そう、自分の中にあるネガティブなエネルギーや、破壊的な思考や、間違った思い込み、合わなくなった価値観を手放すのはもちろん、誰かとの不本意な関係や、辛いだけの居場所などからも！

良いものが何一つないという場面を、肯定的に、創造的に、前向きに、壊すのです！そうして、同時に「浄化する」「新しくなる」「より良く変わる」「望むほうに切り替える」ことです！

**いつでも「破壊」と「再生」は、ワンセットだからです！**

それについて、私が「ヴォイド」をぬけて、「不本意な人生」から「望んでいた憧れの人生」に入ったエピソードをお伝えしましょう！

# あなたは、こうして夢の世界へ入る！

すべてを捨て、空になるとき、
新しい次元に入る☆リアルエピソード♪

これは、私が所持金9万円で、三人の子どもを連れて上京し、作家になる！　成功する！　お金持ちになって豊かな人生を送る！　という夢を叶えるために「ヴォイド」をぬけた話です。もう15年も前のことです。

当時の私には、〝どこをどういじっても、まったく動かせない〟と思えるような現実だけが、そこにありました。愛情が冷めきった夫婦関係、いくつもの仕事を掛け持ちし、朝から晩まで働くだけの日々、それでも楽にならない生活。誰一人頼るところのない孤独な状況。そして、辛い心と体を抱えて、〝助けてほしい！〟と、毎日、悲鳴を上げる魂……。

何の希望もない人生に、私は絶望していました。作家になりたいという夢はあったものの、持ち込み原稿は断られ続けるだけでした。

ああ……、楽しいことなんて、何一つない人生……。

もはや、この肉体が死滅するまで、ただ生きるためだけに、何かを食べていなくてはならないといった状態で、心身ともすっかり疲れ切っていました。

私は「何の夢も叶わない」状態と「すべての夢を叶えたい！」という状態の〝はざま〟にいて、もがいていました。

けれども、「貧しい生活」から「豊かな生活」に！「失敗した人生」から「成功した人生」に！「叶わない夢」から「叶った夢」に！運命が変わればどんなにいいだろうと、それればかりを思っていました。

しかし、そのときの私は、そこをどうやってぬけ出せるのか、まったくわかりませんでした。それが「ヴォイド」なのだということも、知りませんでした。

そんなある日、自分の心も体も重くなりすぎ、とうとう、私は明日にさえ向かえないというほどの状態に。

そして、「……せめて、心だけでも少し楽になりたい」とヒーリングを受けにいったのです。そこで私は、レイキというものを受けたのです。それは、ヒーラーの先生の手を通して、宇宙のエネルギーを私の中に流すというヒーリングでした。

それによって、自分の中に溜まり込んでいた古いエネルギーを脱ぎ捨て、少し軽くなれ、エネルギーチャージできたのでしょう。

自分の中で、かすかな何かが動き出したのを、感じました。

そして、**そこから私は「あきらめ」を〝捨て〟、再び作家になるという「夢」を〝持つ〟ことになったのです！**

すると、私の変化を察知したかのように、突然、ヒーリングの先生から電話があり、出版企画の会社を教えてくれたのです！　「そこに作品をあずけなさい！」と言って。

結局、そこに作品をあずけたことがきっかけで出版社からお声がかかり、私は突如、作家デビューすることになったのです！

その出版社からのオファーは、私の企画の配信から、なんとたった5分でやってきました！　これは異例のスピードだと、担当の方も驚いていました。

しかし、それこそが「ヴォイド」をぬけ、新たな世界へ入ったサインでもありました！

そのとき私は、ごく自然に「不本意な人生」を捨て、「本望の人生」に入っていたのです！

とはいうものの、一冊目の本を出しても、その世界でそこから何がどうなるのかなど、知るよしもありませんでした。

けれども、そのときの私は40才を過ぎており、いま、人生をなんとかしないと、「もう、あとがない」と思っていました。

しかし、どうすれば、まだそこにある、痛いものだらけの現実から完全にぬけられるのかわかりませんでした。そこから何をし、どう動けばいいのだろうかと悩んでいると、勤めていた会社を、突然、首になったのです！

おもしろいもので、ぐずぐずしていると、運命が強制的にそこで人生を「はい。そこまで！」というかのように、終わりにするのです。それは一瞬、ピンチにみえるものです。実際、驚き、ショックを受けました。

しかし、**それでも宇宙は親切なものです。一つの幕を閉じると同時に、新しい運命の幕を、すぐにひらいてくれるのです！**

首になった会社を去るために机の整理をし、ロッカーからいらないものを捨て、自分のパソコンからすべてのデータを消し、あちらこちらを空《から》にしていると、突然、携帯電話が鳴ったのです！

それは出版社からの電話で、次の作品のオファーでした！　そして編集長が「会社を首になったのであれば、東京にくれば？　次の依頼もしたいし！」。

そんな不思議な出来事がタイミングよく起こったとき、私の中で、神戸にとどまるという未練が一瞬で消え、すぐに上京する決心がついたのです。

**人は、心が決まると、行動も素早いものです。**

まずは、離婚届を取りにいき、子どもたちの学校に連絡をして転校の準備をし、家中のものの処分に取りかかりました。

結婚したときに花嫁道具として持ってきた、自分で買ったお気に入りの家具は、すべて捨てることにしました。

引っ越し屋さんに見積もりを出してもらったら、神戸から東京まで家具も運ぶと、とんでもなく高い金額になり、その代金を、そのときの私は持っていなかったのです。

持っていけないなら、捨てるしかない！　当時の私にはそれしか方法はありませんでした。それは、いま思えば実にいさぎよい、パーフェクトな捨て方でした。

そして、タンスからほんの何枚かの洋服だけを鞄に詰め、あとのすべての洋服は捨てたのです。子どもたちにも、学校で使う教科書と学校の制服と数枚の洋服だけを鞄に詰めさせました。

本当に、本当に、何もかも、すべてを捨ててきました。

捨てていくとき、私の辛かった人生のすべてが「もう終わる」のだと感じていました。私の中の重たいものが軽くなり、古い殻を脱ぎ、新しい波動になっていく感覚さえ感じました。

そして、重さが、辛さが、痛みが、悲しみが、消えていったのです。

もはや私は自由で、どこにでも向かえ、何でもやれるのだという、その自由がうれしくてしかたありませんでした。たとえその先に何が待ち受けていようと、それでも神戸を出て、東京に！　新しい運命に！　入るのだと覚悟を決めて、引っ越しました。

それらのすべてのことを、私はとてもスピーディーにやってのけました。なぜこんなに早く、短期間で人生を切り替えることができるのだろうと、自分でも不思議な気持ちでいました。しかも、強い気持ちで。

そこには何か、私の知らない隠れた存在の、不思議な力を感じずにはいられませんでした。

気がついたとき、すでに新幹線の中でした。

私と三人の子どもたちは、誰も、何も、話しませんでした。私と同じように子どもたちもすべてを捨てるしかなく、新しい人生についていくしか術《すべ》がなかったのです。その心境は、言葉を失わせるほど衝撃的なものでした。

東京には何も持ってこなかったので、上京した部屋は、文字通り「空《から》」でした。布団はすぐに買って届きましたが、家具をどうするべきかと考えていると、お家のオーナーさんが、突然、訪ねてきて、こう言ったのです。

「何も持たずに上京したんでしょ？　もしよければ、これを使ってください」と。そして、なんと、新品の家具を運んできてくれたのです！　これには驚きました！　とても立派な桜の木の家具で、重厚で高価なものでしたから。

そして、次に、これからの東京での生活をどうしようかと思っていると、上京した日からひっきりなしに携帯に電話が入り、次々と仕事の依頼が舞い込んできたのです！

それまで空っぽだった私のスケジュール帳には、みるみる仕事の予定が入り、真っ黒になりました。そこで入ったのは、夢にまでみた憧れの仕事ばかりでした！

そう、次作の執筆依頼、ラジオ番組の出演、雑誌の取材、歌の収録、講演会、書店でのサイン会、イベント、テレビ出演などなど！

そうして、その流れに乗っているだけで、みたこともないような多額の報酬が押し寄せたのです！

私が「不本意な人生」から、ほしいものや、なりたいものや、憧れがすべてある「本望の人生」に入れたのは、その両者の間にあった空白の時空間である「ヴォイド」を、ただ、ぬけたからです！

そして、**ぬけるためにしたことは、「捨てる」「手放す」「壊す」ことだけでした。**

それによって私は重たいエネルギーから軽やかなエネルギーになり、より高いレベルの波動をまとったことになり、自動的に「ヴォイド」をぬけたわけです！

そして、そのとき、飛行機が「エアポケット」をぬけ、より上空に入ったように、私の人生も、自動的により高みへと入っていったのです！

# どうすればいいのか、わからない

## それをしっかり経験しなさい☆
## それが、「ヴォイド」をぬける秘密！

あなたが何かしらの「欲求」と「達成」の〝中間層〟にいるとき、あなたはまだ身動きできないでいるものです。考え中であり、迷い中であり、止まっているところであり、決めかねているのであり、手にすべき現実がいったん宙に浮いているような感じです。

たとえばそれは、あなたが「お腹が空いたけど、どうしようかなぁ～。何を食べようかなぁ～」「いっそ、食べずに、がまんしようかなぁ～」などと、〝空腹〟と〝満腹〟

の間で揺れているような状態にいるということです。

また、〝何かをどうしようかと迷っているのに、どうもしていない状態〟であり、〝動いたほうがいいのだろうけど、動いていない状態〟であり、〝何かを望んでいるのに、望むものをつかめない状態〟なわけです。

それは〝どっちつかずの状態〟にいるということで、つまり、「叶えたいこと」と、「叶ったこと」の〝はざまの領域〟にいるということであり、それは、いま現在と、まもなくやってくる未来との間にある、「空白の時空間」にいるということです！

そして、**そのときは何も起こりません。良いものは、まだ目の前にありません。**

だったら、それは、無意味な状態なのかというと、そうではありません！

あなたがいまいる〝不本意な場所〟から、あなたが行きたい〝望む場所〟へ「入る」ために必要な領域であり、経過すべき必要な時間であり、持つべき必要な場面だからです！

「ヴォイド」のとき、〝望む状態をまだ達成していない低い次元〟から、〝すでに望む状態を達成した高い次元〟に入る運命のはざまを、あなたは生きているということです！

そして、わかっておきたいことは、この「ヴォイド」は何のためにあるのかというと、他でもない、それはあなたをより高い場所、より良い場面、より満たされる時間に引き上げるためにある！ということです！

そう、望みのすべてが叶った「理想の現実」がある世界へ！

そして、それゆえ、のちに引き上げられることが大前提の話なのです！

その際、宇宙はあなたに大切なメッセージを語りかけてくるものです。ちゃんと「ヴォイド」をぬけられるように！　それをしっかり、キャッチしてほしいのです！

では、いったい宇宙は、どんなふうに話しかけてくるのでしょうか？

それについて、次の項でお伝えしましょう！

# 宇宙は、あなたにこう語りかけている！

いまこそ気分を感じ、感覚を受け取り、
心の声をよく聞きなさい！

**「ヴォイド」をぬけることがスムーズになされるよう、あなたがすべきもっとも肝心なことであり、必要なことは、ズバリ、〝自分の心の声をよく聞き、それに素直に従う〟ことです！**

「ヴォイド」のとき、たいがい宇宙はあなたのハートに、こう語りかけてくるものです。

「いまの状態は、心地良いですか？　不快ではありませんか？」

「ほら、まだこの状態でいたいですか?」

「それでも、ここにいたいですか?」

「もう、ここらで、このことを終わりにしませんか?」

「早く、次の、より良い場面に移りたくないですか?」

「いっそ、もっと高い場所を目指してみませんか?」などと。

その言葉を、もらさずキャッチしてほしいわけです!


しかし、あなたは、「もし、その声に気づけなかったら、どうしよう?」と思うかもしれませんね。しかし、心配いりません。声が〝あなたの心〟にやってくる限り、「わからない」ということはありません!

その声は最初、かすかなもので、小さすぎて、すぐには聞き取れないかもしれません。自分のエゴの声に消されて、拾《ひろ》いそこなうこともあるかもしれません。

が、その声はやがて大きくなり、あなたは、はっきり気づくようになります!

**宇宙は、あなたに、それを伝える必要があり、それゆえ、あなたが気づくまで、し**

**つく何度でもそれを訴えてくるからです！　そこには、あなたを楽に進化させるためのヒントがたくさん含まれています！**

そして、その声にあなたが答え、目覚めることによって、あなたを引き上げ、「ヴォイド」をぬけさせ、新たな場所、いまこそ行くべき本当の世界に、あなたを連れていくのです！

では、もし、その声の言うことを、受け止めなかったらどうなるのでしょうか？

そんな心配は、いりません。

というのも、そのとき、あなたの心や体にダイレクトに反応がくるので、受け止めずにはいられないものだからです。

「ヴォイド」のとき、宇宙は、あなたに言葉で何かを語りかけるだけでなく、何かしらの特定の感覚や、圧倒的な予感や、直感的な閃きをも与えます。

もし、それらを受け止めずにいると、あなたがそれらを拾い上げるまで、それらはあなたの中に居座り、必要な変化を要求してきます！

それでも、もし、あなたがそれらに取り合わず、対応せず、そのまま宙ぶらりんな状態に甘んじようとすると、どうなるでしょうか？

答えは、「もはや、そこに、そのままでいることはできないほど、ますます不安定にさせられる！」「より問題は大きくなる！」「より不本意な状態がもっと長引く！」ことになるのです。

しかし、そういったあなたの反応を引き出すことも、「ヴォイド」の慈愛であり、正しい宇宙の摂理なのです！

**あなたをより早く、より良い世界へといざないたいからこそ、そういう「ヴォイド」の領域を、場面を、時を、宇宙は人の運命の〝はざま〟にセットしているわけです！**

ちなみに「ヴォイド」は、あなたが不安、心配、不快、不安定な感覚を抱くことをかわいそうに思っていませんし、容赦しないものです。

というのも、どのみちそれは「一時的なこと」であり、その一時的な不快層を利用して、あなたが向上し、ワンランク上の世界に入るのを促したいからです！

「ヴォイド」を通してやってくる、心の声や感覚や予感や直感を大事にし、味方につけ、自分や人生を〝古い時代〟から〝新しい時代〟へと移すチャンスをつかんでください！

# ぬける〝きっかけ〟

何もがまんしないでください。
小さなサインが出たらすぐどうぞ♪

「ヴォイド」をどれだけ早くぬけ、どれほど早く「思い通りの世界」に入れるかは、あなたがその不安定な状態に、どれほど不快を感じるかによります。

また、その「ヴォイド」の領域や場面や時間をぬける〝時間的なもの〟は人によってまちまちで、ほんの何時間か数日で終わる人もいれば、数週間、何か月かかかる人もいます。長い場合は数年間にも及ぶこともあります。

いいですか！　人は不快を感じるまで、なかなかそこを退こうとしないものです。

それゆえ、**ここで覚えておきたいことは、あなたの不安や、不快さや、不安定さが強ければ強いほど、素早く、あなたは「ヴォイド」からぬけ出せるようになっているということです！**


たとえば、この世の中の多くの人たちは、何かが自分にとって不本意で、よくない状態になっていることに気づいていたとしても、ことが大きくならないうちは、がまんし、目をつむり、知らん顔をし、気づかぬふりをするものです。

というのも、それらにかかわるのは時間もエネルギーもいるものだと、そう思っているからです。しかし、耐え難いほど強烈に不快な状態は、そのままではいられず、むしろ、

「なんとか、早く片づけてしまいたい！」

「早く、楽になりたい！」

「すっきり、安心したい！」

という欲求を生み出します。そのとき、人は急いで、本気で、それに向き合うしか

なくなります。

けれども、本当はことが大きくなってしまわないうちに、耐え難い不快感や痛みや辛さを経験しないうちに、

「ここらで、これを変えよう♪」

「この状態を、より良くしよう」

「ワンランクアップしてみよう！」

と、そこからぬけるきっかけを持ってもよかったのです。


そうすればそうするほど、あなたが早く楽な状態になれるからです。

**いいですか！　小さな不快が出たら、そこをぬけるサインです！**

おっくうがらなくても、ことが小さなうちにかかわり、心の声を聞き、必要な対処をすれば、さほどエネルギーもいらず、時間もかからず、早く、楽な世界に入れるのです！

*Chapter 2*

# すべてが叶った☆<br>おいしい領域へと入る♪

「理想」と「現実」のギャップを超えて、
よろこびの世界へどうぞ！

# 愛し合える最高のパートナーに出逢う

## 恋人のいる自分になる☆
## 「一人」から「二人」の幸せを叶える！

もし、あなたに、いまパートナーがおらず、これから素敵な人と出逢いたい！　というのなら、「まだ恋人がいない状態」から「すでに恋人ができた状態」を叶えるための、「ヴォイド」のぬけ方をお伝えしましょう！

まず最初にしなくてはならないことは、「恋人がいない状態」のあなたがいま持っている余計なものを、すべて手放すことです。〝恋人ができるのを邪魔しているもの〟を捨てるのです！

たとえば、「自分には愛される価値がない」「どうせ、こんな私のことなど好きになる人はいない」「もう、こんな年だし」「容姿がよくないし」などという間違った思い込みや、自己憐憫《れんびん》を捨ててください。

また、男性に対するおかしな先入観や、素敵な男性と出逢えることを疑う気持ちや、結婚できないかもしれないという心配や恐れも。そして、そこにあるネガティブな感情や重たい気持ちや憂鬱《ゆううつ》さも、捨ててしまいましょう！

そんなものを隠し持っていると、あなたの心も波動も重く、とてもではないけれど、「ヴォイド」を軽やかにぬけられないし、「恋人ができた状態」に入るのは難しいからです。

さて、捨てるといっても、紙のようなゴミならゴミ箱に入れればいいだけですが、自分の内側に持っているものは、どこに、どうやって捨てればいいのでしょうか？

**答えは、〝宇宙〟に捨てるということです。捨てるというより、〝引き取ってもらう〟**

**というほうが正しいかもしれません。**

そして、やり方はこうです。ただ、心の中で（声に出してもいいですが）、こう言って、捨てます！「もう、こんなものはいりません！宇宙さん、引き取って処理してください。よろしくお願いいたします」と。

すると、あなたからほうりだされたゴミは、宇宙で光分解されて、消滅します！

また、捨てたい余計なものは、精神的なものだけではなく、何かしらの現物である場合もあります。

たとえば、あなたの顔色が暗くうつる色の洋服や、ふけて見える洋服、あなたに似合わないデザインの洋服や、着心地が悪く、落ち着かないような洋服は、すべて捨ててください。こういったものは、あなたがこれから異性に愛される魅力的な人になるのを、邪魔するからです。ついでに、似合っていないめがねもなんとかしたいもの。

そして、「恋人がほしい!!」と願ってはすがりすぎ、重たい念がこもりまくっているかもしれない神社の御札が溜まっていたら、しかるべき神社やお寺でお焚き上げしてもらい、気分もエネルギーもスッキリ浄化させましょう。

長年、片想いをしているけれどちっとも相手にしてもらえないような、あなたに興味がないと言っている相手や、まともにつきあえたものではない不倫相手がいるとしたら、それこそ、もう、そういう存在は、ここらで手放しましょう。

ある意味、そういう相手は、自分の気持ちや何かしらの現物より執着がきつく、「ヴォイド」をぬけるとき、たちの悪いものかもしれませんから。

そういったものを完全に捨てたら、自分の中が浄化され、きれいになり、エネルギーは軽やかで、良いものになります！

そうしたら、**今度は、自分や恋愛に対する良い思い込みや、ポジティブなイメージを持つようにします！　あなたは、すでに自分の中に持っているものにみあったものを、〝持つことになる〟からです！**

「私は愛されるに値する！」「私には魅力がある！」「私はここから、素晴らしい人に出逢える！」「素敵な恋愛を叶え、幸せな結婚生活を築く♪」というような肯定的な概念です。

そのうえで、理想のパートナーをリアルにイメージするのです。それは、目が二重とか、背が高いとか、高学歴とか、そういった〝条件〟ではなく、その人と一緒にいるときにどんな気分や、どんな感覚や、どんな幸せを受け取りたいのか、その〝本質的なもの〟をイメージするということです。

また、〝一人から、二人に♪〟なったとき、どんな気持ちになるのか、どれほど心が満たされているのか、どんな幸せを味わっているのか。

その感情をリアルに味わい、「恋人ができた！」というあかつきに、そこで得るであろう満たされた感覚をしっかり感じるのです！

愛し合っている二人のイメージや、恋人ができたよろこばしさ、愛する人がそばにいる安堵の感覚を、いま、この場で持ってみてください。

それらはあなたの心を幸せにし、春風のようにあたたかく、軽やかで、高い波動を放ちます！

さて、ここで、私のファンの女性Ｔ子さんの話をご紹介しましょう。Ｔ子さんはフリーの編集者をしており、それなりに多忙で、仕事ではとても充実した毎日を送っていました。

しかし、自分の年齢的なことや、女性としての魅力のなさ（自分の背が高いこと、胸が小さいこと、スカートが似合わないこと）を気にしており、それらが「愛されない自分の欠点」だという思い込みを持っており、異性と会う場面をあえて持たずにいたのです。

T子さんのネガティブな思い込みは、仕事の打ち合わせで男性といるときにはかなり強いコンプレックスとなり、立っている姿を男性に見られたくない一心から、誰よりも早く打ち合わせの場所に来ては、先に席に座り、あいさつするのも座ったままでした。

また、スカートをはく勇気がなく、いつもパンツルックで、「私は男のようで、女性としての魅力がない」「小さくて華奢な女の子しか、男性には好かれない」と、そんなおかしな恋愛概念をも持っていました。

とはいえ、さすがに39才にもなると、一人の生活もさみしく、なんとか恋人がほしい！　できれば結婚したい！　という気持ちやあせりも出始め、私のセッションにやってきたのです。

私から見れば、彼女はとてもスリムでスタイル抜群！　特別美人ではないにしても、それなりに整った顔立ちをしており、パンツ姿はとてもよく似合っていました。

また、自分を悪く思い過ぎている点をのぞけば、とても感じの良い話し方をする、才能あふれる素敵な女性でした。


私は話していて、彼女には自信を取り戻させるだけでいいとわかりました。彼女がおかしな思い込みや、ネガティブな恋愛概念を手放し、捨てるだけで、うまく「ヴォイド」をぬけられ、恋人ができるに違いないと思ったのです。

それゆえ、私は彼女に新しい思い込みを持ってもらうべく、彼女の魅力をどんどん伝えたのです。「恵まれたそのスタイルはモデルのようで素敵♪」であること、「整った顔立ちは誠実さを表している♪」ということ、また、「パンツルックとロングヘアは、そういうのが好みの男性には、〃憧れの要素〃である♪」こと、そして「才能あふれる、輝く存在」であることなど！

そうやって、安心材料をどんどん与え、そのときの彼女に必要なワークを施したのです。

すると彼女は、来たときとは別人のようなキラキラした目をして、「何だか自分がコンプレックスだと思っていたものを手放せ、ネガティブな思い込みを捨てられた気がします！　先生が教えてくれた、私の新しい魅力を大切にします！」と、うれしそうに帰っていきました。

それから半年ほど過ぎたある日、彼女はまたセッションにやってきました。なんと、そこで彼女は、「テレビ局に勤める男性と恋に落ち、秋に結婚します！」という報告をしてくれたのです！

話によると、T子さんはセッションをきっかけに自分のネガティブな思い込みを捨て、「私はモデルのように素敵だ！」という新しい自己概念を持ったとたん、なんとなく「自分はいい女なのかもしれない♪」と思えるようになったというのです！

そうして、気持ちが少し楽になり、人からの誘いにも出かけられるようになったと。

背の高さも気にするどころか、自慢の武器にできるほどに！

そんなある日、年下の友だちから「合コンするんですが、先輩も来てもらえませんか？　一人だけ、年が離れた男性がいるので」と誘われたのです。

以前なら、自分のコンプレックスを気にするあまり、そういうものは断っていました。しかし、新しい「自分の魅力」を心に持てたことで、行ってみたい気分になった彼女は、その合コンに参加したのです。

するとなんと！　合コンで顔合わせをするやいなや、男性の一人が開口一番に、「君、モデルさんみたいだね！　すらっとしていて、かっこいいね。僕、そういう背が高い女性がタイプなんだよね♪」と、言ってきたのです！

これには驚いたといいます。なにせ学生の頃に、同じクラスの男子たちに「電信柱」「キリン」などと、いやなあだ名をつけられて以来、自分が立っている姿を、男性に極力、見られないようにしてきたのですから。

その、彼女を褒めてくれた男性こそ、年下の友人が「一人、年が離れた人が来る」

と言っていた人であり、まさに、T子さんのお相手となる、テレビ局に勤める男性だったのです！

結局、そこからT子さんと彼は親しくなり、いいおつきあいが続き、結婚することになったのです♪

いやな思い込みを手放し、ネガティブな概念を捨て、新しい自分の魅力や素敵な思い込みを持つとき、すぐさまエネルギーはより良く変わり、波動が上がります！

そして！ **「恋人がいない状態」から、「すでに恋人ができた状態」の運命の〝はざま〟にある「ヴォイド」を、するりとぬけることになるのです！**

スコンと入った新しい世界では、恋人が目の前に現われます！

それもそのはず！「ヴォイド」はあなたの人生を引き上げ、より幸せになる運命を与えてくれる役目を担っているのですから！

# 〝古いパートナー〟から、〝新しいパートナー〟へ

二人の関係の潮時のサイン☆
そこから、二人の運命は切り替わる！

たとえば、あなたにはすでに誰かパートナーがいるとします。しかし、もう、あまりうまくいっておらず、何かとケンカが絶えず、ギクシャクすることが多くなり、努力をするたび疲労困憊し、もはや何をしても前のようにはうまくいかないという、冷めた関係になっているとします。

そして、「古いパートナー」から「新しいパートナー」へと移るべきか、はたまた、まだこの関係にとどまるべきかと悩んでいるとします。そのために中間層の「ヴォイ

ド」を、早くぬけたいのだとします。

そのとき、あなたは自分の中に、こんな声を聞くことがあるかもしれません。

「二人でいるのに、さみしいとは、どういうことだろうか？」

「傷つき、よけいさみしさが増えるだけって、何かがおかしいのではないか？」

「こんな関係になってまで、まだ、一緒にいたい？」

「まだ、こんなネガティブな関係にとどまるつもり？」

「もう、同じことの繰り返しは、いや！」

「この人とつながっていたい？　もう、離れたくない？」

「……きっと、私はもう彼に愛されていない。（あるいは、たぶん、私はもう彼を愛せない）」

「……もはや、潮時《しおどき》ではないか？」

「ああ、本当はもっと別の人と出逢いたい！」

もし、相手と一緒にいるときに、自分が何かを我慢していると感じたり、感情を無理に押さえていることがわかったり、逆に、何でもかんでもぶちまけたい衝動にかられたり、文句や批判が出てきそうになったら、その場から離れるか、そういう日は、早くデートを終えるようにしてください。

たとえば、会う約束をしていても、もし、気がのらなかったら、無理に会うのをやめてください。会いたいときは会うけれど、会いたくないときは会わないというようにし、自分の素直な気持ちを優先させてください。

また、相手のために、あるいは二人の関係のために、自分がもっと何かをしなくてはならないという、義務やプレッシャーから離れてください。

そして、この関係での痛みや疲れを捨てるべく、自分を癒す時間を取り、一人で冷静になるチャンスを持ってください。

さて、ここでは、あるヨガ教室で講師をするU子さんのエピソードをお伝えしましょう。

U子さんは、二人の子どもを持つ主婦で、平日の午前中にヨガを習っていました。ヨガを始めたきっかけは、夫との関係がうまくいかず、もはや愛情を失い、家の中は冷めきっていて、毎日の生活に息苦しさを覚えていたからです。

ヨガを始めると、自分の心は癒され、重かった体は軽く楽になり、何だか魂ごと浄化されたような感じになりました。それに、行き帰りには完全に一人になる時間を持て、人生を振り返っていろんなことを考えることができました。

U子さんは思いました。「ヨガは私に合う。これが私の人生を変えてくれるかもしれない。……いつか、ヨガを仕事にできたら、どんなにいいだろう」と。

しかし、家に帰ると、あいかわらずそこは冷たく重い、ストレスでしかない場所。夫との険悪な状態がそこにあり、もはや家の中には、あたたかいものも、よろこばしいものも、希望も幸せもありませんでした。

そうしてU子さんは、ますますヨガに没頭し、ついにあるとき、ヨガのティーチャーの資格を取ったのです。

ティーチャーの資格を取るまで、U子さんは、心の中にこんなネガティブな思いを持っていました。

「結婚した限り、いやでも一緒にいるべきだ」「このいやな家庭生活も一生続けるしかない。なぜなら、私には生活費を稼ぐ能力がないのだから」「子どものためにも、離婚はできない」「夫のことは愛していないけれど、養ってもらわなくてはならないから、ここにいるしかない」と。

そして、「いやでも、この人生とさよならすることは不可能だ」と。

それでも、不思議なもので、資格を取ったことで、U子さんの中の何かが変わってきました。そういった考えが、知らないうちに手放されていたのです。

そして、「本当に、このまま夫と、まだ一緒にいたい?」「離れたら、楽になれるのでは?」という考えを持つようになりました。

また、「ヨガさえあれば、いまの生活より、もっといい生活をできるかもしれない」「私もこれを仕事にして稼げるなら、もっと自由になり、本当の幸せをつかめるかもしれない!」と希望を持ち、「この願いを叶えたい!」という夢を持ったのです!

そうして彼女は、「いまの苦痛な生活」から「希望に満ちた生活」のはざまの中、ヨガの資格を役立てたいと講師に伝えてみたのです。

すると、「それなら、私がいない日に、この教室で教えればいいわ」と、チャンスをくれたのです。

とはいうものの、実際には、講師との関係もあり、そこに来る人たちをなかなか自分の生徒にはできず、収入も思うようにならず……。一時は「やっぱり私には、何もできない。辛い家庭に残るしかないのか」と、ドーンと気落ちしたといいます。

けれども、持った希望と夢がU子さんに「自由になれ!」と言っている気がして、とにかく生活費を稼ぐ道をもう一つつくろう！　と、ヨガ以外で収入を得られる道を探し始めました。

まず、平日の午後5時までは不動産会社で事務の仕事に就くことにしました。そして、土日に自分でヨガを教えられる教室を、探すことにしたのです。

すると、その不動産会社の社長が、「空いている物件があるから、そこを使えばいい」と、格安であるスペースを貸してくれたのです。

そうして、不動産会社の事務とヨガの講師を両立させるべく必死にがんばっていると、社長が何かと助けてくれるようになりました。
いつしか二人は何でも話し合える親密な関係になり、そんな流れで「離婚」を決意。
そして、なんと、離婚して一年が経ったある日、その不動産会社の社長からプロポーズされたのです！

そんなU子さんは、いま、大好きなヨガの仕事を、新しい夫の提供してくれた素敵なスペースで元気にやっています！　そこには自由があり、イキイキとした感覚があり、キラキラした輝きがあり、大きなよろこびがありました！

**こんなふうに、「ヴォイド」は、一時的に、何もかもがうまくいかない時期を持たせることがあります。そして、それこそが、そこからぬけるための近道だと教えてくれているのです。それゆえ、「ヴォイド」の中にいるときは苦痛の引き金を引く出来事すべてが、尊いものになるわけです。**

# その場を、感謝して離れなさい!

## あなたが最後の場面で放つエネルギーが、次の場面を生み出すもの!

さて、前項の続きで、大切なことを、ここでも少しお伝えしましょう。誰かとの関係についてあれこれ考えるものの、「一人になるより、こんな人でもいたほうが、まし!」というような感じになり、その壊れかけの関係にしがみつこうとすることがあるものです。しかし、そういうのは、やめてください。

そんなことをすれば、きっとあなたは、もっと傷つき、虚しくなるはずです。あるいは、二人の間に何か決定的なことが起こり、はっきりと心が決まる瞬間がやってくるはずです！

そして、何を隠そう、その決定的な出来事こそ、「ヴォイド」の引き金でもあるのです！


**何かと気持ちが揺れる「ヴォイド」の中にいるとき、あなたが「古いパートナー」ときれいに離れて、より自分にみあう素敵な「新しいパートナー」と出逢いたいというのなら、「ヴォイド」の時間の中で、自分たち二人の関係に光を送ることをおススメします！**


それは、むずかしいことではありません。

ただ、心の中で、離れたい相手に対して、「いままでありがとうございます。あなたがいてくれたおかげで、これまで幸せでした。あなたがくれたたくさんの素晴らしい経験と宝物に、心から感謝いたします」と、感謝をささげることです！

その感謝は、ある意味、絶対的に必要なものでしょう。

というのも、どんなに辛い関係になってしまったとしても、その人と一緒にいた時間があったからこそ得られたよろこびや幸せ、叶えられた成長があるからです。そして、さらなる高みと幸せの「理想の世界」に入れるわけですから。

しかも、あなたが離れたい人や場面に、最後、感謝しなければ、そこを良い形で去ることはできません。感謝して離れてこそ、その最後のエネルギーが生かされ、あなたのための幸せな次の場面をつくるものとなり、感謝あふれる新たな人を惹き寄せることになるわけです。

そして、**感謝するとき、あなたは、もう、その相手との関係を完全に終わっていいのか、まだ少しだけ一緒にいて、何か必要な努力をしたいのか、自分でわかります。**

そのとき、もし、「もう、この関係を終わりたい」と思っている自分しかいないとわかったら、今度は、こう心に言い、終わりの時間に光を投げかけます。「私たち両者の魂の学びは、もう終わりました。あなたも私も、新たなレベルに入りましょう!」と。

すると、それが解放宣言をしたことになり、あなたの心と、あなたと彼の関係がきれいに浄化され、「空白」になります。そのとき勝手に「ヴォイド」をぬけ、新たなパートナーと出逢う世界へと入ることになります！

それでも、たとえば二人の関係にまだ何か、あと少し一緒にいるべき理由が運命の中にあるというような場合（このような場合、たいがいは、次のパートナーと出逢う時間調整と舞台セッティングを宇宙がしている）は、あなたが二人の関係に光を送ったあと、なぜか突然、相手が自発的に勝手により良く変わるか、あなたの中の苦痛が消え、自然に残りの学びを二人ですることになります。

そして、その場合、たいがい、もう、ケンカをしません。

なぜか、お互いが相手をいたわり、大切な何かを理解し、各自の魂で何かを悟りながら、残りの時間を過ごすことになるものです。そして、そのあと、きれいな形で、離れる瞬間がやってきます。

さて、この「古いパートナー」から「新しいパートナー」に、「ヴォイド」を軽やかに、よろこばしくぬけるためには、捨てるべきものと持つべきものがあります。

もし、「古いパートナー」といたときにあなたが重かったり、わがままだったり、口やかましかったり、嫉妬深かったり、疑い深かったり、相手に要求が多かったりしたというのなら、そういう、自分でも〝よくなかった〟とするものは、もう、捨ててください。

また、相手の態度によって何かと孤独感を募らせやすく、いつでも相手からの電話やメールやラインを待ちすぎては、他のことが何も手につかなくなるというような恋愛依存的な性質があったというのなら、そういうものも手放してください。

そして、「新しいパートナー」とつきあうべく、新しい自分を持つのです！　たとえばそれは、相手を信じる気持ちや、思いやり深いところ、優しいところ、満たされた感じ、相手の態度がどうであれ、自分の毎日をイキイキ、キラキラさせ、自分の人生を満喫できる状態などを持つということです！

そして、「新しいパートナー」に望む魅力的な相手の本質や、叶えたい恋愛のイメージや、手にしたい幸せの質などを、心の中にリアルに持つのです。

すると、あなたは〝新しいパートナーにつながるための必要な質〟を自分の内側に持ったことになり、「古いパートナー」と「新しいパートナー」のはざまで揺れる「ヴォイド」をすんなりぬけることができます！

そのとたん、「新しいパートナー」と、「新しい幸せな運命」が、目の前に現われます！

# ステキな人間関係を叶える！

## ハッピーになれる人たちと、ハッピーな日常を過ごすために

恋愛だけでなく、友人知人や、何かしらの目的をともにした仲間との関係でも、「ヴォイド」は、やってくることがあるものです。

たとえば、誰かとの関係が色あせてみえたり、前ほど興味を持てなくなったり、その人のために時間や労力を取られるのが惜しくなったり、一緒にいると疲れる、うまくいかない、もう会いたくないと感じるようになったら、その関係をぬける「ヴォイド」のときなのかもしれません。

そのとき「ヴォイド」は宇宙からのメッセージとして、あなたの心に、特定の誰かとの「かかわり方やつきあい方を変えるように」と伝えてくるかもしれません。「あまり深入りしないほうがいい」と忠告してくるかもしれません。「この人といても、もう何も学ぶものも、与えるものも、受け取るものもない」と言ってくるかもしれません。

また、あなたと誰かとの関係の中に、あまりにも問題やトラブルが多く、ぎくしゃくしがちであったりする場合や、どんなにこちらが誠意をつくしても悪いようにしか取ってもらえないという場合や、信頼関係が壊れていたり、苦痛の極みで、何をどうやっても関係は改善しない、壊れているという場合は、「もう、潮時《しおどき》かもしれない」と伝えてくるかもしれません。

**覚えておきたいことは、あるときを境に、誰かとの関係がうまくいかなくなるというのは、あなたと相手の波動がズレてしまったからです。問題やトラブルや争いが絶えなくなるというのは、まったく異質の波動になってしまったからです。**

あなたが、より良い自分、より幸せな人生、より高いレベルの世界に移ろうとしているときは、自分が低い波動の時代に出逢った友人や知人や仲間に違和感を覚え、居心地が悪く、一緒にいられなくなります。

これがまさに、人間関係に起こる「ヴォイド」なのです!

そのときあなたは、そこをぬけるために、たんにその「合わなくなった人」とかかわるのを、やめるだけでよかったりします。無理につきあいをしないほうがよかったりします。

さて、ここではいま現在、元気にカウンセリングの仕事をしている28才の女性Sさんの話をご紹介しましょう。実は、Sさんは、5年前まで精神的に病んでいて、薬を飲むしかない生活をしていました。

当時、つきあっていた彼と破局を迎えたことで、失恋のショックから仕事に行く気力もなくなり、家にとじこもりがちになっていました。

Sさんは、なんとか早く元気になりたいと自分でも思っていましたが、心が辛くて、どうすることもできませんでした。

そんなSさんの生活ぶりを見て、厳しい母親は毎日のように、「だらしない！」「甘えているだけ！」「あんたのような子は、近所の恥さらし！」「出ていってほしい！」「やっかいだわ！」など、罵声を浴びせ続けました。

そして、辛い気持ちを癒すチャンスを完全に奪われたSさんは、遂に心療内科に通うようになり、薬を飲む生活になっていたのです。

しかし、あるとき私の本に出逢い、「もう一度、元に戻りたい！」「私も、自分の好きな道でキラキラ輝けたら、どんなにいいだろう」と思い始め、チャネリングのセッションに来たのです。

Sさんのことをみていると、症状よりもだいぶ多い薬を処方されていたようで、目の光が完全に消えていました。

しかし、Sさんの中に、隠された才能、大きな可能性があるのがわかり、カウンセラーとして活躍している姿が視えました。それを伝えると、Sさんは急に表情を明るくし、こう言ったのです。

「そうなんです、先生、なぜわかったんですか？　実は前からそういう勉強もしていたんです。私、人を救う仕事がしたかったんです、本当は！」と。

Sさんは、自分でも薬の量が多いのではと気になっていたといいます。副作用が出ているのだと。そして、「元の自分に戻りたい！」という言葉を口にしたのです。

セッションから帰るとSさんはすぐに診療内科に行き、医師に相談して薬を減らしてもらいました。そして同時に、そこから心や体に良い成分が含まれているサプリを飲んだり、栄養補助食品をとったり、手料理をしっかり食べて自分をケアしていき、徐々に薬を減らせるよう、自分をサポートしていきました。

日中は外に出て散歩をしたり、体を動かして、自分のエネルギーを少しずつ高めていったのです。

そして、遂に薬がいらない日がきたのです！

また同時に、彼女は貯金を崩してヒーリングを受けたり、セミナーに行ったり、近場に1泊2日の旅行をしたり、心理学を習ったりし、最終的にはカウンセラーの資格まで取ったのです。

そんなある日、久しぶりに以前からの友人たち数人と会うことになり、Sさんは、「カウンセラーになりたい」というような話をしたのです。

すると、友人たちはすぐさま顔をしかめて、こう言ったといいます。

「あなたにはそんなこと、無理よ」「そんなことをすると、また病気になるよ」「またおかしくなっても知らないよ。おとなしくバイトでもすれば?」「何もしないほうがいいよ」「あなたに人を助けるのは無理よ、そんなにかんたんなことじゃないわ」

とにかく、批判と反対ばかりでした。そして、そこでの会話は、以前の失恋話や、学生時代はああだった、こうだったという、Sさんのいやな思い出ばかりだったといいます。

そのとたん、Sさんはまた自分に自信を失いかけました。

そして、次にまた友人たちと集まることになったとき、Sさんが話す内容への反論が始まったかと思うと、今度は、活躍している別の友人のことまで悪く言うバッシングが始まったのです。

そのとき、Sさんは、こう気づいたのです。

「せっかく元気な自分に戻って、ここから良くなろうと、自分の道を歩こうと前向きになったのに、なぜこの人たちと会うと、いつも、それまで高まっていた気持ちが消えて、病んでいた頃に戻されるみたいな沈んだ気持ちになるのだろう……」

その答えは、友人たちが〝心も体も状況も新しく変わった、高まったSさん〟ではなく、いまだ、〝昔の病んでいたダメなSさん〟(この友人たちは、そういう先入観でみていた)として接して、昔のSさんに対する態度を変えなかったからです！

ハッと、そのことに気づいたSさんは、「違う！　私は変わったのよ！　もう昔の私じゃない！　それをわからないようなら、このグループにはいられない！」と思ったのです。

そして、徐々にその友人たちの誘いを断り、会わないようにしていったのです。かわりに、習いごとのサークル仲間や、セミナーで出逢った人たちと頻繁に会うようにしたのです。

すると、そこではやはり、みんながいろんな夢を抱いており、キラキラした目をして、楽しい話題に花を咲かせ、実際、誰に遠慮することもなく、好きな道に進んでいるのがわかりました。

Sさんは、はっきりとわかったのです！

「これだ！　こういう仲間がいまの私には心地良い！　自分に合うのは、同じ志を持った人たちだったんだ！」

**いつでも、あなたの運命が変わるときには、新たな人たちが自然に、タイミング良く、自分の人生に入って来ます♪　また、新たな人たちと出逢うからこそ、新たな刺**

**激を取り入れることができるわけです！**

その日を境に、Ｓさんは新たな自分をしっかり生かす決心をしました！　そして、すぐにバイトをし、お金を工面し始めたのです。

そう、相変わらず自分をけなすことしかしない親元を離れ、独り暮らしをし、誰に遠慮することなく、好きな道を進むべく。

そして、一年かけてさまざまな準備をし、遂にＳさんは、カウンセラーの仕事をスタートさせたのです！

人というのは、変わることができる存在です！　変わった分、つきあう相手も変わります！　より良くなれば、より良くなった自分にふさわしい仲間が、より高まれば、より高まった自分にふさわしい仲間が、ちゃんと現われるようになっているのです！

**自分の波動が高まれば、もう、昔の波動でつながっていた人たちは、自然に離れ、縁がなくなっていくものです。**

# つながっていられる秘密とは⁉

低い波動のとき、高い波動のとき☆
そばにいる人はまったく違う！

そもそも人間関係は、両者が同じように相手に興味を持ち、もっと相手のことを知りたい、仲良くしたいと思うことで成り立つものです。それゆえ、どちらか一方の気持ちがなくなり、かかわりをやめると、その関係はかんたんに終わります。

しかし、それは悪いことではありません。それまでの自分には必要だった人が、これからの自分に合わなくなっただけのことだからです。

**覚えておきたいことは、人間関係が続くのは、つきあいの中で、相手も同じように成長しているときだけだということです！**

さて、あなたが、より良い自分、より幸せな人生、より高いレベルの世界に移ろうとしているなら、いまより成長していなかった頃、つまり、波動の低かった頃の自分の人間関係の中にあった、間違ったものを手放す必要があります。

それは、間違った人選びのしかたや、ゆがんだつながり方かもしれません。たとえば、肩書や学歴や収入だけで何かを判断してつきあう人を選んだり、エゴや欲にからませたつながり方をしていたのなら、もう、それらは手放して、本当の意味で〝人の良さ〟をわかるつながり方をすることです。

また、一緒にいて苦痛な人より楽しい人を、会うだけで元気になれる人や、何かと自分の学びになる人、人間的魅力あふれる素敵な人など、心がよろこぶ人や、感動のある人とつきあいを持つことです。

同じ趣味や夢を持っている人や、高い志を持っている人とのつながりを持つことです。

そして、前述のような人たちとのつきあいを望む限り、自分もまたそういう人たちから受け入れてもらえる自分になるよう、人間的な魅力や、素敵な要素や、良い資質を持つことが大切です。

あなたがそうあるとき、かんたんに「不本意な人間関係」から、「望んでいたステキな人間関係」へのヴォイドをぬけることができます！

**そこで出逢う新しい人々は、あなたの興味や望みに対して提供できるものを持っており、これまで出逢った人とはまるで違う、別格の人たちが多く、新鮮な感覚や大きな感動を与えてくれるものです！**

しかも、その新しい人たちは、あなたの人生をここからさらに引き上げ、幸せにするために現われた人たちであり、それゆえ、あなたに惜しみなく良い情報、素敵な仲間、素晴らしい仕事、必要な資金、またとないチャンスなどを運んでくれます！

そのとき、そこに良い人間関係が自然にできており、共鳴した波動でサクセス・サークルをつくるようになります。そのサクセス・サークルの中では、あなたの大きな願いや夢は、かんたんに叶ようになります！

というのも、かかわる人々がみんな、あなたに協力的でいてくれるからです。

そして、あなたはかかわる人たちに素直に感謝を示せ、まわりもあなたから恩恵を受けることになり、感謝します。そのとき、その感謝の波動は共鳴し、倍加し、宇宙を動かすことになり、あなたとまわりの人たちを同時に、さらなる高みへと飛躍成功させるのです！

# 好きな仕事で、食べていく♪

## 渋々でしかないイヤな仕事をやめ、キラキラ輝ける働き方をする

「いやでしかたない仕事」から「好きな仕事」をするために「ヴォイド」をぬけるには、自分をバカにする態度や、自分を過小評価すること、自分には何のとりえも才能もないという思い込み、この程度のことしかできないという制限的思考を、すべて捨ててください。

また、自分に支払われる報酬はせいぜいこの程度で、多くを望んでも叶うわけがないという、そんな間違った考え方も捨ててください。

実際、あなたはそう思ってきたから、仕事探しをするときにおかしな基準で選び、そのせいで好きでもない仕事に就き、渋々働き、安い賃金に文句を言うしかなくなるわけです。

たとえば仕事を選ぶとき、立地条件や、給与の額、会社の大きさで決めたかもしれませんね。しかし、そういうもので仕事選びをすると、心からよろこべる満足するものを、手にすることはできないものです。

そうではなく、好きなこと、興味あること、やってみたいとわくわくすること、それにかかわるだけで楽しいこと、幸せな気分になれるもの、生き甲斐を感じられるもの、感動があることなど、そういった基準を持つことです。

好きなことを仕事にするというとき、世の中の多くの人は、「好き」という基準で仕事を選んだことがないばかりに、「そんなことはまず許されることではない」と感じるし、「わがままなこと」に思うものです。

しかし、その考えを捨て、ただ「好きなことを仕事に選ぼう」という考え方を持つだけで、その方向にあなたの心も、体も、運勢も、動くのです！

また、多くの人は「好きなことなどしても、食べてはいけない」と思い込んでいるものです。けれども、この世の中には、実際に好きなことをして食べていっている人が、たくさんいます。そういう人は、たんに「好きなことで、食べていこう♪」と思って、そうしているだけです。

ですから、あなたも、そのようなあり方を持てばいいだけなのです。

これは、「スピリチュアルな仕事をしたい！」と願い、いま現在、その夢を叶えて、好きな道で食べていくことを現実にした男性ヒーラーＭ氏の話です。

Ｍ氏は、いまでは私の本をたくさん読んでくださるファンでもあり、いろんなセミナーや個人セッションにも来てくださって、同じスピリチュアルな仲間として交流するようになった一人です。

そんな彼ですが……彼は、小さい頃から家庭に恵まれず、家庭愛に飢えており、それゆえ、19才で結婚しました。二人の子どもにも恵まれ、整体院で働きながら、ごくふつうの幸せを味わいたいと、けなげに生きていました。

ところが、奥さんが浮気をし、家庭は崩壊し、離婚。子どもは奥さんが引き取ったために独りぼっちになってしまい、彼はとてもさみしい思いをしていました。そして、あまりにもさみしいので、再婚。

けれども、その再婚相手ともうまくいかず、不本意にも二度目の離婚。そうこうしているうちに、自分の勤めていた整体院が倒産し、職まで失ったのです。

度重なる辛い出来事に彼の心はひどく病み、一時は鬱状態になったほどでした。そんなある日、大病をして入院することになったのです。

しかし、そこで不思議な臨死体験をし、そこから何かが視えたり聴こえたりするようになったのです。

それでも、彼は、その能力が、のちに自分や人様を救うものになるとは、そのときは夢にも思いませんでした。「こんな力を授かったところで、実際、何の生活の支えにもならない」と思うくらいでした。

退院しても彼には生き甲斐など何もなく、また、体が弱ってしまったせいで、就ける仕事は限られていました。しかし、どれも本当にやりたい仕事ではなく、あらゆる職を転々とするしかない日々を送っていました。

そんな中、考えることといえば、「僕ほど不幸な男はいない」「いまの給与じゃ食べるのもままならない」「誰にももう相手にされない」「人生、どん底だ。ここで苦しむだけの人生を生きるしかないのか」など、ネガティブなことばかりでした。

そうして、いつしか彼は、「いったい、僕の運命はどうなっているのか……。悪い星のもとにでも生まれたのだろうか?」と、自分の運命を探究したいと思うようになり、そこから、さまざまな占いや鑑定法や運命学をむさぼるように学んでいったのです。そうしてあるとき、古代からの秘密の占術に出逢い、とても大切なことに気がつきました。

「そうか!　どんな星のもとに生まれようと、この人生は、いかようにも自分が望むように創れるのか!」と!

望むならば、自分の意図する方向に、いかようにも運命は創り上げ、幸運化していけると知った彼は、それまで持っていた〝過去へのうらみ〟や〝自己卑下〟〝ネガティブな思い込み〟〝自分はダメな男だから、不運でもしかたない〟という間違った解釈を、すっかり手放しました。くよくよし、死んだような気持ちで生きる人生も、そこで捨てたのです！

そして、かわりに、「ここから、誰よりも強運な人間になる！」「僕のように辛い人生を送ってきた人を、幸せにしてあげたい！」という希望を新たに持ったのです。

そこから彼は、とてもスピーディーにいろんなことをやっていきました。

自分を目覚めさせた古代からの占術をもとに、オリジナルな鑑定法を確立させるべく、参考にしたいヒーラーやカウンセラーの鑑定を受けまくり、好きなスピリチュアルリーダーのワークショップやセミナーにも参加しまくりました。

そんな彼は、「もっと力をつけたい！」と、あるとき私のところにレイキやエネルギーワークを習いに来て、どんどんスピリチュアルなエネルギーを引き上げていったのです。

すると、入院中の臨死体験で得たスピリチュアルな力が強まり、あるときからはっきりと、クレアボヤンス（霊視）やクレアオーディエンス（霊聴）ができるようになったのです！

それがきっかけで、「好きな道はこれだ！　スピリチュアルな世界で仕事をして、食べていきたい！」と思うようになったのです。

そこから彼は、自分がこれまで培ってきたことをいよいよ人様に提供しようと、ホームページをつくり、セッションや鑑定をスタートさせたのです。

ところが、すぐには、思うように人は来ませんでした。

ほんの何人か来たくらいでは、レンタルした事務所の賃料を支払えません。

彼は、「やはり自分は甘い夢をみただけか……」と、また意気消沈し、その事務所を去ったのです。

ちなみに、**いったん、ドンと下がったかのような状態にしておきながら、そこから**

**場面をチェンジさせ、一気に引き上げる！　というのが、「ヴォイド」の得意とする飛躍のさせ方です！**

はい、話の続きにまいりましょう！

それでも、彼には他にやりたいことはなく、「この大好きなスピリチュアルな道で食べていきたい！」という思いだけは持ったままでいました。それゆえ、「仕事のスタイルを変えよう！」と、やり方を変えることにしたのです。固定の事務所はお金がかかるので、格安のレンタルスペースを借り、全国を転々としながら、その土地で出逢った人を鑑定するスタイルに変えたのです。

そんなある日、年商数十億も稼ぐという大会社の占い好きな社長が、偶然、彼のサイトをみつけ、「視てほしいことがある」と、やってきたのです。

**偶然は、必然です！　こういうチャンスは、ほとんど「ヴォイド」を通過し切ったサインとして起こる出来事です！**

その大会社の社長は、いくつかの悩みを抱えていました。彼にはその原因と解決策が視えたので、それを伝えました。社長は、「えっ？　そうなの？」と、半信半疑で帰っていったのです。

しかし、ほどなくして社長はまた彼のところにやってきました。「視てほしいことがあるの」と。彼がアドバイスしたことは当たっており、すべてその通りになったのだと。

そして、次も当たっていたということで、その方はそこから立て続けに何度もやってくるようになったのです。

それから半年ほど経ったとき、その社長はこんなことを言ってきました。「あなたの鑑定はよく当たるわね。今後も視てほしいことがあるから、顧問的なアドバイザーになってほしいわ。なにせ、経営者は孤独なものなのよ。誰も相談できる人がいないのだから」。そして、多額の顧問料を提示してくれたのです。しかも、ありがたいことに、こうも言ってきたのです！

「あなたが移動する土地に追いかけていくのは､忙しい私にとっては大変なこと。もし、よければ、うちの会社に空いている部屋があるから、そこを無料で提供するわ。あなたの専用ルームにしない？　それなら、こちらは大助かりだし」と。

そして、その部屋で他の人の鑑定もしてもいいという条件のもと、彼はその社長と契約を結び、いまは好きな道で、豊かに幸せな毎日を送っています！

こんなことが、本当に起こるのです！

そう！　もし、本当に、あなたが好きな道を進み、幸せに豊かに望む人生を叶えることを心に決めたならば！

そのとき、ごくふつうに「ヴォイド」が起こり、〝上昇のはざま現象〟を通して、あなたを夢の最終場面に連れていくわけです！

もちろん、これを書いている私自身、その「ヴォイド」による不思議な運命好転を、「飛躍現象を、叶えた一人なわけですが♪

# お金持ちになる☆富を呼ぶ秘訣

## 「貧乏層」から「富裕層」に入るために、やっておきたいこととは!?

「貧乏層」から「富裕層」に入るための「ヴォイド」をぬけてお金持ちになり、精神的にも、経済的にも豊かな世界に入りたいというなら、いま持っている貧しいものの考え方や、限界に満ちた思考、お金が足りないという不足感や、お金がなくなりやしないかという心配を、すっきり手放してください。

また、お金は汚いもの・悪いものだという偏見や嫌悪、お金に対する悪口や批判は、いまここで捨ててください。お金に対するあらゆる不安や心配や恐れを、捨ててください。

**人は、自分が良く思っていないものを、手に入れたいとは思わないからです。**

そして、お金はとても良いものであり、何かと助けになるものであり、生活を潤《うるお》わせてくれるものであり、他者や社会にも役立てられるものだという、肯定的な概念を持つことです。

あなたの中からお金に対するネガティブなイメージや、間違った概念、悪く思うものがなくなったら、あなたにはすぐに変化が現われます。

**それは「お金さん、大好き♪」と、素直に言えるようになる！　ということです。**

そして、まだそんなにお金に余裕がないときでも、豊かな気分を味わうのがうまくなり、お金を得るときだけではなく、お金を使うときにも、大きくよろこべるようになるものです！

それこそが、あなたの中からお金に関する〝捨てるべきもの〟を、スッカリ捨て去れた証拠です！
とにかく、豊かさを手にした未来のイメージや、その中にある気分や高揚感、満足している気持ちを味わいつくしてください！

また、その際、**覚えておいてほしいことは、お金持ちになりたいというとき、札束をイメージするのではなく、そのお金を使って何かをして、幸せで豊かになった状態をイメージする！　ということです。**

たとえば、あなたに〝使い切れないような大金〟が入ってきて、そのお金を使って何かを買っているところとか、家族を海外旅行に連れていっている場面とか、新たな家に高級家具をそろえてハイセンスな暮らしをしている様子や、どこかの国に国際送金小切手を使って寄付している様子など♪

これらは、私がまだ何も持っていないときに、実際にイメージしていたものです。
そして、のちに、すべてはその通りになりました！

人はイメージの世界で持ったものを、やがて、現実の世界でも持つことになるものです！

とにかく、「貧乏層」から「富裕層」へと「ヴォイド」をぬけて、お金持ちになりたいというのなら、できるだけ大きく考え、その内容をうまく拡大し、よりハイレベルなイメージにして楽しんでください。大きく考えてこそビッグになれ、大金にも恵まれます！

さて、次の項では、私自身の人生が、憧れていたリッチ＆ハッピーを叶えた話をお伝えしましょう。

## 人生まるごと上昇☆リッチライフの叶え方

### すべてがハイレベルで底上げされるとき、一気に幸運がなだれ込む！

ここでは私が上京後、右も左もわからないこの世界で、夢みた豊かさや幸せな人生を叶えるために、「まだ、何も持っていない状態」から「すでに、すべてを持った状態」へと、「ヴォイド」をぬけたやり方をお伝えしましょう！

実は、上京直後は、次作の本の執筆依頼はあったものの、当時は印税を4か月後からしか受け取れない状況にありました。

それは、その間、不安定な生活を余儀なくされるということを意味していました。しかし、そんなことが長く続くのは、まっぴらごめんでした。なにせ、成功し、飛躍した人生に入っていく！　と、決めていたわけですからねぇ〜。

私は「まだ、何も持っていない状態」から「すでに、すべてを持った状態」へと、できるだけ素早く「ヴォイド」をぬけたい！　と思っていました。

そこでまず、「お金が入るまではできない」「お金が入ったら、やろう♪」と思っていたことを、いまやってはどうかと思ったのです。そう、リッチな願いを叶える〝金運上昇のアクション〟として！

それは、実際、お金が入ったときにやろうとしていることより規模を小さくすれば、かんたんにやれることではないかと。

ちなみに、「お金が入ったら、やろう♪」と私が思っていたことは、広いお庭のある豪邸に引っ越し、ヨーロッパの輸入家具をそろえ、部屋にはゆったり手を合わせられるスペース兼瞑想《めいそう》ルームをつくり、ときにはロッキングチェアにゆったり座って、好きな本を心ゆくまで読みたい♪　というものでした。

そこで私は、最初に、すぐに可能なことからやることにしました。

まず、ヨーロッパの輸入家具をいますぐそろえるというのは大変そうだから、せめてご飯を食べる食器をヨーロッパの高級食器にしてはどうか？　と、とひらめいたのです。それは高級食器であるがゆえに、毎日使うと、きっと毎日リッチな気分になれるに違いないと！　富貴（お金や豊かさの素になるエネルギー）を高めるのに、ちょうどいい！　と。

そうして、さっそく10万円を握りしめて、あちこちの高級食器店をみてまわったのです。すると、ある高級食器店に、ゴールドの装飾がごてごてついた超リッチな食器があったのです！　しかも、なんと！　バーゲン価格で半額になっていたのです!!

「ひぇ〜！　こんなに素敵な食器が、この価格なんて!!」と、よろこんでそれを買って帰りました。

それは大正解!! もう、その食器が食卓に登場するだけで、「あんた、こんな器でご飯を食べるなんて、何様～!?」と言いたくなるほどの美しい迫力なのですから！
ヨーロッパ製品は、本当に芸術的で、華やかで、高揚感があふれます♪

次に私は、自分の部屋をフローリングではなく、豪華なカーペットにしてはどうかと思い立ったのです。そうとなれば、さっそく買い替えよう！ と。
そして、何冊かの通販雑誌を取り寄せてみていると、なんと！ そこに、黄色の地に、ぎっしりと金の糸で刺繍が入った、キンキラキンのカーペットがあり、気に入ってしまい、即購入！

届いたカーペットを部屋に敷いてみると、まばゆいばかりの黄金の部屋に!!

これは笑えるくらい派手で、私は外出から自分の部屋に戻ってくるたびに、このカーペットの派手さに大笑いしたものです。が、これはかなり金運を持ったものでした！
「お金は、派手なものに乗ってやってくる！」と、ある風水師の方から聞いたことがありますが、私はまさに、ここから優雅な気分に浸るのがかんたんになり、本当に金運がつきました！　ついでに、ゴールド枠のベッドや置物も購入♪

そして、風水師の先生が「部屋だけでなく、身につけるものも派手にすると、早くお金持ちになれるよ」と教えてくれたので、それからは、アクセサリーをすべてゴールドにしたのです！

宝石ではなく、ゴールドのアクセサリーなら、リーズナブルにおしゃれできます♪ネックレス、指輪、イヤリングと3点そろえると、見た目はかなりお金持ちに！

とはいうものの、ここまできたとき、私はハタと気がつきました。「あれ？　お金持ちになりたいはずが、金運を高めたいはずが、逆に、お金を使ってばかりいるのではないか？　これでは望んでいることと、やっていることが真逆ではないか？」と。

しかし、それは違います！　使う時期があるからこそ、あとで大きく入ってくる時期がやってくるのです！

しかも、「ヴォイド」を起こす宇宙の法則は、そのときでさえ、私に不要なものを捨てさせ、飛躍させていたのです！

そう、「お金が入るまでは、何も買ってはいけない！」などという考えを捨てさせていたのです！　そして、「使った分、その倍、お金はあとから入ってくる」という、リッチな運命を用意してくれていたのです！

実際、部屋に何かしら豪華なものや、リッチな気分になるものを置いたり、自分が華やかに着飾ったりすると、〝視界から入る刺激〟で、気分もエネルギーもかんたんに引き上げられるものです♪

そして、それは〝誰かのためのもの〟であるとき、もっとすごいことになります！

そう！　私は遂に！　お金持ちになったら一番したかったことを、まだお金が入っていないうちからするための行動に出たのです！　それは、母の仏壇を新調することでした。

母は、私が作家デビューする前、もうずいぶん前に亡くなっていました。その当時買った母の仏壇は、とても小さな粗末なものでした。

私は、成功してお金持ちになったら、真っ先に母の仏壇を、大きく立派なものに買い替えてあげたい！　と思っていました。そうして、その大きな仏壇だけを置ける部屋がある、大きな豪邸に引っ越したいと思っていたのです。

さっそく仏壇屋さんめぐりをすると、気に入った大きな仏壇がありました。

実をいうと、そのお店は超高級仏壇店で、数百万円から数千万円クラスのものを多く扱っているところでしたので、最初のうちは、お店の前を行ったり来たりして、何度かスルーしていました。

しかし、入ってみると思ったより敷居は高くなく、店員さんも親切でした。そしてみつけたお気に入りを、「よし！　お金が入ったらこれを買おう！」と決めたのです。

それはかなり高価なもので、もちろん、そのときは、そんな大金を持ち合わせてはいませんでした。それゆえ、心の中で受け取り、イメージの中の豪邸に置き、実際には何も買わずにお店を出たのです。

しかし!!　**なんだか、その場面で目的を達成したような、奇妙な気持ちになりました。そう、「あとは、受け取るだけ♪」という気分になったのです！**

するとほどなくして出版社の担当者から連絡が入りました。

「なみちゃんの本が大変なことになっているよ！」

「えッ!?　なに？　どういうこと？」

「本がめちゃめちゃ売れていて、連続重版だよ！」と。

そして、その本の動きをきっかけに、次の本の依頼が、他のいくつもの出版社から同時にどっさり入ってきて、あっという間に、私のスケジュールは3年先まで埋まってしまうほどに！

その後、これまで見たこともないような大金が、私の人生になだれ込んできたのです！

気がついたら、私は「ヴォイド」をぬけ、「まだ、何も持っていない状態」から「すでに、すべてを持った状態」へと入っていました！

状況はガラッと一変しており、私は金運アップのために、のんきにほしいものを買いに行く暇もないほど、やってきた仕事をこなす日々の中にいました。

そんなある日、忙しく原稿執筆している合間に、ふと、手をとめてコーヒーを飲んでいると、突然、「あのサイトをみてはどうか?」という心の声が聞こえました。その物件サイトをみると、なんと! そこに、理想のイメージ通りの豪邸がアップされているではありませんか!

そのとき、「いまだ! そこに行け‼」という声が聞こえ、さっそく私は不動産会社に連絡し、内覧させてもらったのです。

その家の玄関は悠々とした広さで、シャンデリアが掲げられ、衣裳部屋を2つ取っても、家族みんなの個別の部屋と、客間も取れるほど。しかも、母の仏壇だけをゆったり置ける、私の心のよりどころとなる瞑想部屋が確保できるだけの広さがありました。

そして、あの笑えるキンキラキンのカーペットと、素敵なゴールドのベッドを置いた様子が、イメージの中でありありとみえたのです。

そのとたん、私は思わず、「ここにします！」と言っていました。その豪邸はまさに私の憧れのイメージそのものであり、内覧ほんの2〜3分で、私の住む家となったのです！

しかも！　その家には大きな庭があり、季節を楽しめる木々が植えられていて、とても優雅な暮らしを満喫させてくれるものでした。

**宇宙は、こちらの望みの細部までも知っており、すべてを網羅したものをよこすものです！**

けれども、ここで「ヴォイド」は終わりではありません！

実は、「ヴォイド」は、その人がより成功し、もっと高みに昇りたいというときには、そのつど、何度でもこの人生に現われ、必要な変化を起こさせ、新たなステージに連れていってくれるのです！

なんと、その豪邸のあと、ついに私は、思いもよらないタイミングとやり方で他の理想物件にもめぐり逢い、いくつかの別宅まで持てるようになったのです。

それは「ヴォイド」が新たな世界にふさわしい流れを起こして、そうなっただけです！

そのとき、すべてが軽く可能になり、以前であれば奇跡としか思えないような望むものすべてを、いくつも同時に与えられることになります！

さて、**肝心なことは、豊かなものをイメージするとき、いまの自分の現状は無視してほしいということです。**

あなたの現状がどんなに貧しく悲惨なものであれ、現状には関係なく、大きく豊かに望み、優雅にリッチな夢を思い描いてほしいということです。

そして同時に、「それを受け取れるのだ♪」と、当然のことに思っておいてください。

なぜなら、あなたは、そうなりたいわけですからねぇ。当然のことのように思えないなら、まだ程遠いということであり、当然のことに思えたとき、瞬時にそれはもたらされます！

また、当然だと思えるとき、あなたは現状を加速しながらぬけており、「貧乏層」から「富裕層」へ移行するために必要なエネルギーを持った人となり、スコンと「ヴォイド」をぬけて、豊かな世界に入ってしまうのです！

# 憧れのマイホームを手に入れる☆魔法の法則

ボロ屋ではなく豪邸に住み、
何不自由ない贅沢な暮らしを許可する

あなたが「狭くて汚いボロ家」から「憧れのマイホーム」に住み替えるために、すんなり「ヴォイド」をぬけたいのなら、きれいにすべきところは掃除し、整えるべきものは整え、捨てるべきものは捨て、すっきり、軽やかになることです！

いますぐ押し入れにたまったゴミや不用品を捨て、部屋の掃除をし、散らかった本や雑誌を片付け、ぬぎっぱなしの衣服はクローゼットにしまいましょう！

そして、きれいになった空間には、お気に入りの家具を置いたり、素敵な香りを漂わせたり、花の一輪でも飾ってください。


きれいになるとわかるものですが、「狭いながらも楽しい我が家」です。これまで狭いだの、汚い、ボロいと、文句を言っていたことをおうちに詫び、早々に、いまのその家に感謝を捧げることです。

「おうちさん、この家で、私に大きな夢をみさせてくれてありがとう」

「この家で、雨風をしのげ、快適に暮らさせてくれてありがとう」

「この家で、家族と笑って食事ができる時間をくれたこと、ありがとう」

「この家で、泣いたり笑ったり、いろんな感情を吐き出させてくれて、ありがとう」

「この家の中にいることで、いろんなものから私を守ってくれて、ありがとう」と。


これはとても大切なことです。

**覚えておきたいことは、いまあるもの、毎日、世話になっているものに、不平不満**

**や愚痴や悪口を言っているとき、もっと良いものがくることはなく、いまあるものまで奪われるか、それより悪いものに取り替えられてしまうことすら、あるということです。**

あなたがいま住んでいる家に感謝するとき、感謝の気持ちあふれる形で、憧れのマイホームにスピーディーに入れます！

それは「ヴォイド」の領域、場面、時間が、感謝のエネルギーによって波動が引き上げられたからです！

**あなたの心という空間と、お部屋の空間がきれいに浄化され、おだやかに整い、感謝の波動で満ちたなら、そのとき、そこに生まれた「空間」は何でもうまくクリエイトする力を高めるものです。**

そこに、あなたが住みたい憧れの家の素晴らしいイメージをほうり込みましょう！

どんなデザインの家で、どんな家具を置き、どんなベッドで寝て、そこでどんな夢を叶えているのか♪　目を閉じて心の奥に入り、あらゆる憧れを細部にまでわたって思い描くのです！

そして、イメージの世界にあるものに、そっと手で触れてみるのです。

たとえば、そこにあるレザーソファはどんな感じですか？　ふかふかのムートンのクッションはどんなあたたかさ？　大理石のテーブルは冷たい感触を持っているかもしれませんが、リッチな気分満点でしょう。天井の美しいシャンデリアはキラキラ輝き、高揚感があふれているはず！

イメージの中の世界を味わいつくしたら、もうすぐ、憧れのマイホームに引っ越しするつもりでいてください。

**あなたが心の中でその家に住んだとき、その物件は宇宙によって確保され、まもなくあなたは、外側の現実でも、そこに住むことになるからです！**

たとえばそういうことが起こるとき、友人が、「マイホームを買ったから、遊びに来て♪」と招待してくれたり、素敵な家のパンフレットをくれたり、「ここの不動産屋の方は親切だから、あなたも家を買うときがあったら言ってね」と紹介してもらえることになったりします。

また、新聞やインターネットで何気なく物件を検索して遊んでいると、思い描いていたイメージにぴったりの豪邸が、とてもいい場所、希望の金額で売りに出されているのを発見したりします。

あるいは、家の郵便ポストに新築物件のチラシやパンフレットがなぜか頻繁に入ってきたり、ひやかしのつもりでみにいっただけの物件で、思いもよらぬいい情報や特典を入手したり、購入可能な金額にしてもらえたりします。

このように、「ヴォイド」をぬけようとしているとき、宇宙からたびたびサポートが入り、あなたは何かしらシンクロニシティやチャンスを受け取るもので、それがあなたを憧れの物件に導き、やがて本当に住めるようにしてくれるのです！

# しっかり、成功する！

## 世に出て、成功者になるために、持っておきたいものとは!?

「まだ、成功していない自分」と「すでに、成功した自分」の間の「ヴォイド」をぬけるには、まず最初に、「成功しないかもしれない」というネガティブな考えや、「失敗したらどうしよう」という心配、「本当にそれは可能なのだろうか」という疑いは、すべて捨ててください。

そして、「きっと、うまくいく！」「成功するに違いない！」「すべては可能だ！」と、いまここで、確信と安堵を持つことです！

実際、それは可能です！　他の人にできたなら、あなたにも可能なのです！　しかも、人は自分が可能なことしか、想像しないものですから。

さて、あなたが成功したくて何かをがんばっているのに、なかなかうまくいかないという場合や、ここからもっと高みに昇り、さらに成功するために、もっとがんばる必要があるという場合は、「まだ、成功していない自分」と「すでに、成功した自分」の間の「ヴォイド」をぬけるために、いったん立ち止まり、自分のことをみつめる時間を必ず持つことです。

あなたがうまくいかないのは、何らかの理由があるからです。立ち止まると、聞くべきこんな声が聞こえるはずです。

「そのやり方で、本当に大丈夫ですか？　何か、どこか、やり方を間違えていませんか？　いっそ、やり方を変えてはどうですか？」

「組む人を間違えていませんか？　もっと力のある人と組むべきでは？」

「進むスピードが速すぎませんか？　あるいは、遅すぎませんか？」

「不足している要素はありませんか？　あるいは、そこに余計なものが詰め込まれすぎていませんか？」

「実力不足ではありませんか？　つけるべき力が必要なのではありませんか？」

「必要な学びを取り入れますか？」

「達成期限に猶予を与えてはどうですか？　急ぐとしたら、その理由は何ですか？」

あるいは逆に、

「がんばりすぎていませんか？　疲れていませんか？」

「ここらで、いったん休息を取って、エネルギーチャージしたほうがいいのではないですか？」

などと。


こういったメッセージはあなたに必要な気づきを与え、そこで何かをより良く改善させてくれるきっかけになるものです。そして、こういったメッセージは、無我夢中で走っているときや、忙しくしているときには、よく聞き取れないものです。

それゆえ、**何かがうまくいかなくなったら、いったん立ち止まり、自分をふりかえり、みつめ直すことは、とても大切なのです。**

また、「ここからもっとがんばって上に昇る必要がある！」「さらに大きな成功を叶えたい！」というときには、なおさら。

というのも、人は立ち止まることなしに、がんばり続けることはできないからです。千段のお寺の階段を上れるのも、「踊り場」があってこそ、です！

「踊り場」で小休止を取るから、「踊り場」をぬけられ、続く先を上っていけるのですから。もし、「踊り場」で小休止を取らなかったら、その先に続く階段を上る途中であなたは力尽きてしまい、頂上まで行けないことでしょう。

**その「踊り場」こそ、「ヴォイド」の領域であり、場面であり、時なのです！**

その「踊り場」であなたがすべきことは、〝ここまで昇ってきた自分、はるかかなたまできた自分を、いったん認め、しっかり褒めること〟です。そこにある成果を認め、たとえそれがまださfavorいな成功であったとしても、やり遂げた自分に拍手を送ることが必要なのです！

**覚えておきたいことは、自分にムチ打ち、ただ「がんばれ！　がんばれ！」「もっとやれ！」「どんどん進め！」だけでは、人は動けなくなるということです。休むことなく進むと、うまくいかなくなるのも当然、なのです。**

ねぎらわれることもなく次を要求されると、人はそのことに大きな抵抗を感じるものです。報われないというのは、哀しくて力がぬけるものです。

それゆえ、あなたが「ここからさらに大きな成功を！」と言うのなら、次の場面に行く前に、一度、自分をねぎらう優しさと時間を持つことは、とても重要です。

そう、自分を両手でしっかり抱きしめ、次のように言ってあげてください。

「自分は、本当によくやった」と。

実際、あなたはよくやりました！　自分が歩いてきた道をふとふりかえると、本当に遠いところまでやってきました。いろんな障害物も越えてきました。ときには転び、傷つき、泣いた日もありました。

そして、あなたはここで、さらに上に昇るために、いままさに、「ヴォイド」をぬけようとしているのです！

また、「ヴォイド」は、より高い次元に移行するために必要なエネルギーを生み出す場面でもあります。

自分を認め、褒め、心をねぎらったら、体にも充分な休息と栄養を与え、体力と気力を取り戻してください。

なんなら、何か自分に対するごほうびがあってもいいかもしれません。何も良いことがないままでは、人はそれをがんばるよろこびがないからです。もちろん、本当の最大最良のよろこびは、望むような、そのより大きな成功を叶えた人生そのものがくれるわけですが♪

そして、エネルギーチャージしてパワフルになったら、再度、目指すべき成功に向けて進み出しましょう！

そのとき、**忘れずに持っておきたいのが、「初心」です！〝何のためにその道に進もうとしたのか〟〝どうなりたくて、それをやっているのか〟、そんな「初心」です！**

いつからか、どこからか、間違った言動や、思い込みや、やり方を持っていて、そのせいで何かが少しずつズレてきて、うまくいかなくなっていたのだとしたら、そういうものを捨てて、「初心」を持ち直すことで、運が、人生が、持ち直して好転してくるというのは、多々あることです。

それゆえ、自分の中でうまく機能しなくなった思考や行動パターンを、進んで手放し、捨て去り、「初心」を持ち直してください。そして、「初心」とともに、さらに「高い志」を持ってみるといいでしょう！

「高い志」だけが、その人にそれを達成させる、偉大なパワーを授けてくれます！

**「初心」と「高い志」を持ち、自分の視線と思考を引き上げ、エネルギーレベルを引き上げるとき、あなたはかんたんに「ヴォイド」をぬける人になります！**

そのとき、「うまくいっている自分」がいて、「さらに成功した状態」がそこにあり、うっとりと魅了され、大きな感動を覚えるものです。

しかも、そこでは、楽しみながら何かをよろこんでやるだけで、いともかんたんに、新たな、別の夢まで叶うので、まるで、〝奇跡の領域〟に入ったかのような気持ちがするものです。

実際、そこは、「ヴォイド」をぬけたからこそ入れた〝奇跡の領域〟であり、ある意味、当然のごとく現われた人生です！

*Chapter 3*

# おもしろいほど惹き寄せる☆磁力を加える♪

うれしくなるものを歓迎し続けなさい！
もっとステキに夢みなさい

# あらゆる可能性のドアをひらく

すんなり入ると、どんどん広がる☆
あなたの望みが叶う次元！

「ヴォイド」は、ガタガタしていて、不安で、不快で、不安定で、落ち着かないものです。しかし、実はこの他に、とても素晴らしい特徴も潜んでいます！

**それは、「あらゆる可能性のドアひらく♪」というものです！**

「ヴォイド」の領域、場面、時間の中にいるときは、何かとうまくいかなくなっているわけですが、そこからどうするのかは、すべて自分次第です。その状態から、あなた次第で、何をどうすることもでき、そこに正しいも、間違いもないということです。自分の真意にまかせて進んでいいということです。というのも、そこにこそ、本望の人生に入るためのサインがあるからです！

あなたはただ素直になって、「これは、こうだ！」「こうするぞ」「もっとこんなふうにしたい♪」と、心のままに、自由に、可能性についていけばよく、そうやってその先のことを〝決定〟していくだけでいいのです。

そのとき、**その〝決定〟が正しいかどうかよりもっと大事なことは、その決定をしたことで、「ほっと安堵する」か、よけい「不安になった」かということです！**

どんなことでも、どんな場合の決定でも、「ほっと安堵する」ほうに進んでください。そこには間違いはなく、「よかった♪」に出逢えます！

決して、自分に何かを無理やり強制的に決定させないでください。そんなことをすると心が乱れ、場面が崩れ、その先が悲惨なものです。

〝心が乱されない決定〟こそが、あなたを安定した状態に連れていき、明るく、力強くし、素敵な展開へといざなってくれます。

**また、決定の際、もっと良いのは、自分にとって〝そうするのが、うれしい〟という決定をすることとです！　それはあなたの可能性に最大限の幸せをもたらすものです！**

〝そうするのが、うれしい♪〟という決定は、当然のごとく、「うれしい人生」に連れていってくれます！「うれしい♪」とき、なぜ、それがうれしいのか、あなた本人の〝意識〟が理屈でよくわかっていなかったとしても、あなたの〝魂〟がわかっています。

そして、その道の先に必ず〝善いこと〟があるのを確信しているものです。

# セレクト・フリーという、チャンス♪

## 選ぶときの基準は、ただ一つ！
## あなたを幸せにするもの、のみ♪

「ヴォイド」の領域、場面、時の中には、もう一つ、素晴らしい生き方が潜んでいます！　それは、「セレクト・フリー」というものです！

実は、「ヴォイド」のとき、あなたは「どうすればいいのだろう」という迷いや混乱の中にいて、これから先のことについて、わからない、知らない、何も変わらないという「空白」の状態にいるものです。

けれども、**そのとき、同時に、「チャンス」の中にいることにもなります！**

というのも、ここからどうしていいかわからないからこそ、わかる必要もなく、ただ、気の向く方向、顔を向けている方向、無意識に考えがいく方向、何となく気になる方向に、行けばいいだけだからです。

**とりもなおさず、それは、これからの未来をいかようにもできる〝可能性の場〟でもあります！**

それゆえ、「ヴォイド」の不安、心配、恐れ、不本意な領域に入ったら、「宇宙は、あなたにこう語りかけている！」の項（45ページ）でもお伝えしたように、心の声をよく聞き、自分と本音で相談してください。

「本当は、誰といたいのか」「何をしたいのか」「これから、どこに行きたいのか」「どんな状態を叶えたいのか」「何がほしいのか」「どれを持ちたいのか」などについて、好きなように、思うままに、何でも選べばいいのです！

そして、**そのとき、誰を、何を、どこを、どんなことを選んでもOKです！**

「でも、選び間違えたらどうしよう？」「正解をつかみそこねたらどうしよう？」と言う人もいるかもしれませんね。しかし、それも心配いりません。

もし、あなたがその時点で選んだものが間違っていたり、ハズレだったとしたら、あなたは再度、同じ位置に戻り、もう一度、セレクトし直すだけでいいからです！
あるいは、間違ったものを選択したことにすら、その時点では気がつかずに、そのままよろこんでハズレを持ったままでいたとしても、それがあなたにとっての正解ではなかったなら、どこかの時点で「違う！」「やはり、これではない！」「あれにしよう！」とわかるからです！

どんな場合もそうですが、何かを選ぶとき、あせって早く選ぶ必要もないし、絶対に間違えずに選ぶ必要も、ないのです。

というのも、ただそれは〝その時点でつかんだもの〟であったというだけのことだからです。

とはいうものの、「ヴォイド」をぬけ、より良い、より高い、より満たされた次の場所へと入るために、誰かや、何かや、どこかや、どれかを正しく選ぶ方法があるなら、知っておきたいと思うことでしょう。

**ズバリ！ その方法は、ただ一つ！ 「そのときの素直な気持ち、純粋な思い、正直な本音で、選ぶ」ということ、だけです！**

その際、もし、あなたが自分の気持ちをごまかして何かを選んだり、自分自身の観点ではなく、他人の意見によって何かを選んだり、〝世の中の常識〟という基準に合わせて選んだり、制限や限界付きで選んだり、「この程度でいいか」と小さく見積もって何かを選んだり、遠慮しながら選んだり、イヤイヤ、渋々や、適当にその場限りの思いつきで選んだりすると、どうなるでしょうか？

当然、そういったことは〝素直な気持ち〟から純粋に選んだものではないので、あなたはそれを選び取ったとき、胸が詰まるか、落ち着かないか、よけい不安になって、そこから前に進めなくなるものです。

**宇宙は、あなたがすんなり前に進めるか、ストップすることになるか、それを知るための装置を、最初からあなたの中に内蔵しています。**

その装置は、いつでも、あなたが自分をごまかしたり、うそをついたりすると、あなたに「いやな思い」をさせるようになっているのです。それゆえ、人は、他人はごまかせても、自分自身をごまかすことはできません。

というわけで、いつでも、何かや、誰かや、どこかをセレクトするときには、つねに素直に、純粋に、正直に選ぶしかないのです！

# みるみる夢を叶える☆神秘ノートの魔法

## なぜか不思議と良く叶う☆
## 1ページで奇跡が起こる「聖なる書き方」

ここでは、「ヴォイド」をルンルン楽しくぬけ、願いや夢や目標をすんなり叶える「神秘ノート」の魔法アクションについて、お伝えしましょう！

まず、用意していただくのは、手のひらサイズの小さなノートと書きやすいペンです。何をかくそう！このサイズが魔法の素《もと》！　あなたはそれを「自分の手中におさめる」から、いいのです！　しかも、そこに書くのは一つの願いに対して、たった1ページです！

1ページ完結の良いところは、内容を「一目で把握できる」ところであり、何がそこにあるのかを、あなたがかんたんに「わかる」ところです。あなたがわかるとき、脳もわかり、潜在意識もわかり、宇宙もわかります！

そして、この手のひらサイズのノートを使う何より良いところは、すべてが「小さくみえる」ということです!!　これはとても重要です！

というのも、人は、自分の叶えたい願いや夢や目標を大きくみすぎるばかりに、高いもの、遠いもの、達成不可能なものとしてみてしまうところがあるからです。

そうなると、叶えたいと望んでいるのに、いまの自分からかけ離れていることのように思え、他人ごとのように感じたり、どうせ無理だと感じたり、あきらめてしまいがちになります。

けれども、「小さくみえる」ことはかんたんに超えられます。その対象より自分のほうが大きく、上である、ということだからです！　実際、あなたが主で、願いや夢や目標は、あなた次第でいかようにでもなるからです！

さて、ノートを用意したら、夜、寝る前に、ベッドの中で寝転んだまま書きます。寝る前のリラックスした状態は、もっとも潜在意識に願望を刻みやすいからです。

そのとき、「願い」そのものを書くのではなく、「すでに叶ったあとの結果」と「そのときのあなたの状態」を書くのです！

つまり、**「ああなりたい！」「こうなりたい！」という要望や希望を書くのではなく、「ああなりました！」「こうなりました！」と、すでに達成した「事後報告」と、あなたのよろこばしい感想や状態を書くのです。**

たとえば、こうです。

「ステキな恋人ができました！　デート三昧の毎日で、とても幸せです♪」

「大きな仕事のオファーがあり、一千万円の報酬が手に入りました！」
「一人起業で、一億円達成しました!!」
「海辺にセカンドマンションを買いました！　お気に入りの家具もそろえ、大満足です！」

などというように♪

そして!!　ここからが大事なことです！　必ず、そのあとにこう書き添えます！

**「宇宙のおとりはからいのおかげです。ありがとうございます。感謝します。うれしいです。幸せです！」**

そのあとに、書いたその日の日付を書きます。
この小さなノートのワークのときには、「達成期限」は書かなくていいです。
ただ、日記のように書いた日の日付を入れておけば、それがあなたの中で「既成事実」になり、その錯覚が潜在意識を刺激し、結果を生み出すためのエネルギーを発生させるからです！

そうして、「まだ、叶っていない状態」から「すでに、叶った状態」へと「ヴォイド」をぬけることになり、その「既成事実」が本物になるのです！

そのとき思ってもみない形で、思ったより早く、そうなった「理想の現実」の世界に入ることになります！

とにかく、必ず1ページで完結するように書いてください。ちなみに、書いたページの裏のページには、何も書かないようにしてください。また別の願いを書きたいときには、別のページに書いてください。

# 密かに願い、先に安堵する♪

## 実践ワークで、ほっとしたとたん、なぜか不思議なことが起こり出す

ここでは前項の「小さなノート」の魔法アクションを通して、低迷していた会社の売り上げを大きく挽回した、私の知人の話をお伝えしましょう。

その女性は、夫婦で化粧品や健康サプリを販売する事業をおこなっていました。しかし、彼女はあるとき病を患ったことがきっかけで、何かと体調を壊して入退院を繰り返すようになり、そのせいで「自分は本格的には仕事にかかわれないから」と、夫

にすべてをまかせていました。

けれども、夫は男性であり、化粧品や健康サプリのことにうとく、うまく仕事をまわせず、売り上げはガタ落ちで、もう悲惨な状態に。その間、8年。

長い長い低迷期が続き、夫婦は「もう、廃業しようか」と何度も話し合ったといいます。

しかし、「細々とでもいいから、この仕事をやっていきたい」という彼女の気持ちから、廃業することは避け、なんとか踏ん張っていました。

そうして、体調を取り戻した昨年から、彼女は再び仕事に本格的にかかわるようになったのです。

ひどい状態になっていた会社の売り上げに対して、最初、まず何からやればいいのかと混乱していました。

そして、とにかくまずは気持ちのうえでポジティブな状態をつくりたいと、私が伝えた、前項の「小さなノート」のワークをすることにしたのです。

「少ない売り上げ」から「大きな売り上げ」の「ヴォイド」をぬけ、できるだけ早く売り上げを増やしたいと！

そのとき彼女は、小さなノートにこう書いたのです。
「商品を購入するお客さんが増え、売り上げは元の金額に達しました！ 夫婦で乾杯です♪ 売り上げ挽回のよろこびで感動の涙があふれます。
宇宙のおとりはからいのおかげです。ありがとうございます。感謝します。うれしいです。幸せです！」と。

そうして迎えた決算で、税理士から笑顔でこう言われたのです。
「今期、本当によくがんばられましたね。売り上げが上がって、良かったですね！ もう安心ですね」と。

その年の売り上げは、何と8年ぶりどころか、創業以来、過去最高額をはじき出していたのです！ しかも、おもしろいことに売り上げが上がり始めたのは、このノートのワークを始めて、ほんの4日目からでした。

その彼女は仕事に関して叶えたいことがあると、とにかくこの小さなノートに、いつでもちょこちょこと、気になるたびに〝叶えたいことが叶った状態〟と、そのときの〝自分の気持ちや状態〟を書きつけ、楽しんでいたのです。

彼女が頻繁にそうしていた理由は、そうしているだけで売り上げの心配が消え、「本当にそうなった気分♪」になり、安堵したからだということでした。

小さなノートの秘密の魔法は、大きく、よろこばしく運命を動かします！

実際、書くという行為は、潜在意識の領域をナチュラルに刺激するものであり、その人の中に眠る成功のメカニズムを発動させるものです！　そのとき、「理想の現実」に入るスピードも、ぐんと加速するのです！

# 感謝の効能をみる

プラスのエネルギーの最高状態は、
感謝によって生み出される！

あなたの願いや夢、目標が叶った世界に入るためには、その叶えたいことや、ほしいもの、手にしたいもの、なりたい状態を、それがいくつであれ、一つひとつ明確にしておいてください。

そして、自分が何を得たいとしているのか、それに対して、手に入っていないときから、「これが私のもので、ありがとうございます」「これを受け取れますこと、ありがとうございます」「そうなれることが、幸せです。ありがとうございます」というように、そこに〝感謝のエネルギー〟を与え、あなたの〝ハートの光〟を与えてください。手に入ったときだけお礼を言うのでは、5才の子どもと同じです。お菓子をくれたら「ありがとう」と言うけど、くれないならありがたくない、ということではいけないのです。

**「ヴォイド」をぬけて「望むものがすべてそろった世界」に入るには、感謝の先取りがとても重要なのです！**

たとえば、可愛いくて大好きな5才の姪っ子が「おばちゃん、前にお菓子をくれて、ありがとう。とてもおいしくて、うれしかったよ♪」と、あなたに会うたびに笑顔でお礼を言ってきたら、どうでしょうか？

たぶん、「たった一度、それもずいぶん前に小さなお菓子をあげただけなのに、あんなによろこんでいるのなら、今度会うときは、もっとおいしいお菓子をたくさんあげよう！　きっとよろこぶだろうな〜。私もあの子のよろこぶ顔がみたいわ♪」と、なることでしょう。

宇宙も、それと、同じです。

そうやって、日頃から自分のほしいもの自体や、それがやってくる宇宙に、そして、それを待ついまこの瞬間に、感謝のエネルギーと光を与え続けるのです。それを「まだ受け取っていない状態」のときから、「受け取った状態」に対しておこなうのです。

また、望むものとは関係のない、自分がかかわる人や場面や時間や領域に、日頃から感謝のエネルギーを放つ習慣を持っておくのです。

すると、**「ヴォイド」の領域、場面、時間にはもちろんのこと、あなたの人生のあらゆる領域に、プラスのエネルギーがどんどん貯まり続け、過飽和入力状態になります！**

そして、そのあふれだした感謝のエネルギーが、どんどんあなたに良いものを生み続け、呼び続け、循環し続けるようになります！

そのとき、大きく飛躍上昇し、あなたは「望むものがすべてそろった世界」にいきなりスコンと入り、望みが叶えられ、現象化された現物と、おまけの幸運を即座に受け取ることになるのです！

# 〝持つ〟ための準備に入る

この超シンプルなことをしておくだけで、
あなたはもっと多くを持てる！

あなたが「これを叶える」「これを持つ」「こうなる！」と願いや夢や目標について肯定的になり、「そうしよう！」といったん決めたなら、あとは、それが叶った場面を楽しんでイメージし、その現実を受け取るのを楽しみにしていてください。

また、そんな中でふと、「そのためにこうしてはどうか」「あそこに連絡しておきたい」「あの人の話を聞いておこう」「これを買っておこう」「もう、これについて段取りしておこう」というように、何かが心に浮かんだら、可能な限り、そうしてください。

**それらはすべて、あなたが望むものを受け取る準備をしていることになるからです！**

それは「まだ叶わない状態」と「すでに叶った状態」のはざまである「ヴォイド」をぬけるのを、加速させる行為でもあるからです！

また、「これを叶える」「これを持つ」「こうなる！」といった願いや夢や目標が実際に叶ったあかつきには、どんな自分でいるのかを、よくよくわかっておいてください。

たとえば、それが叶ったら誰かとワインで乾杯するというのであれば、その日に飲みたいワインを買ってワインセラーに入れ、素敵なワイングラスを用意しておくといいでしょう。

それが叶ったときには、ドレスを着て舞台に立っているであろうというのなら、その日に着るためのドレスを下見に、ドレスショップに行っておくのです。

ちなみに、私は作家デビューする前、「ああ、作家になれたら、こういうドレスを着て舞台に立ちたいなぁ」と、あるドレスショップのウィンドウに飾ってあったドレスを、うっとり眺めていたことがありました。

あまりにも長いことみとれていたので、遂にお店の方が出てきてにっこりほほえみ、私にこう言ったのです。

「試着なさってみませんか？」

「えっ⁉」

「さぁ、遠慮なさらず、どうぞ。試着したからといって、無理におススメすることはありませんので。どうぞ安心してください」と。

その言葉に私はホッとして、吸い込まれるようにお店の中に入り、うっとりとみとれたそのステキなドレスを試着したのです。

それはシルクでできており、美しい上品な光沢を放つ、まばゆいオーラ輝くドレスでした。

それを着た瞬間、私はなぜか、「あっ、私はきっとこれを着て、何か舞台に立つことになる！」と、そう予感したのです。理由はありませんが、肌がそう感じたのです。とはいうものの、そのときの私には作家になる兆候などもなく、原稿すら書いておらず、そんなドレスを買うお金も持っていませんでした。

そして、試着室のカーテンを開けて出てみると、店員の男性は満面の笑顔で、こう言ってくれたのです。

「わぁ、とてもよくお似合いです！」と。

実際、私も気に入ってしまい、脱ぎたくない気持ちになりました。しかし、持ち合わせがありません。それを正直に話すと、その店員の男性はこうおっしゃったのです。「どうでしょう。お取り置きしておきましょうか？」と。そうして名刺を差し出してくれたのです。店長さまでした。

買うつもりはありませんでした。が、私はほしくてたまらなくなり、現金で、分割で、買わせてもらうことになったのです。しかも、店長さまは、

「お金はご都合のいいときに持ってきてくださったら、それでいいですよ。でも、ドレスは、今日、お持ち帰りいただいて大丈夫ですから」と。

そうして、私はそれを最初、クローゼットの奥に隠していました。まだ着ていくところすらないのに、あまりにも高価な買いものをしたことに、罪悪感を覚えたせいで。けれども、いつしか毎日眺めたい気持ちになり、部屋の一番目立つところにかけて、毎日、そのシルクをなでたり、うっとり眺めたりしていたのです。そして、出版パーティーをしている様子をイメージしては、めでたいことに、うれし涙を流していたのです。

自分の夢の象徴となる「現物」がそばにあるというのは、すごい刺激になるものです。それだけで高揚感があふれ、すでに何者かになったような気分になれたのですから。

そのよろこびに満ちた気分と高揚感が、私の波動を引き上げ、「ヴォイド」をぬけさせたのでしょう！

その後すぐに、私は作家デビューし、本当にそれを着て出版パーティーをしたのです！　さらに、雑誌の取材の申し込みがあり、そのときもこのドレスを着たのですが、その記事は、最初は「1ページ」と伝えられていましたが、数ページの特集となったのです！

**あなたが何かを叶えるために、イメージの中や実際の行動を通して、先に何かを買ったり、持ったり、そばに置いたりすることは、すべて、来《きた》るべき日の「予行演習」となり、あなたの未来に、それを「持つ」予定を入れたことになるのです！**

あなたがその予定を持ったということは、望んでいることが叶うことを認めているということであり、宇宙を動かすスイッチを入れたことになります！　そして、そのとき、「ヴォイド」を一気に突きぬけるのです！

あなたは正しいときに、正しい場所にいて、正しく必要な何かをしており、パーフェクトな状態で「理想の世界」に入っていくものです！

# すべてが私にふさわしい

この心的同意がないうちは、
良きものは何も人生にやってこれない！

いまのあなたの現状がどうであれ、持ちたいもの、叶えたいこと、なりたい状態は、どんなものでも、「すべてが私にふさわしい」と思っておいてください。

実際、それはあなたに「ふさわしい」のであり、それゆえ、あなたのものなのです！

あなたにはそれを持つ価値があり、持つ理由があり、持つ甲斐があり、それゆえ、それはあなたのために、やってこなくてはなりません。

あなたがそれを持つにふさわしいかどうかを、他の誰かに決めさせないでください。「あなたのような人には、もったいないわ」と、誰かがあなたに言ったとしても、そんなことは関係ありません。

**あなたが自分で「ふさわしい」と思ったらそれでよく、そう思えたものだけを手にすることができるからです！**

逆に、他の人が「それはあなたにぴったりで、とてもふさわしいものよ♪」と言ってくれたとしても、自分が「いいえ、ぜんぜん、私にはそれはふさわしくありません！」と言うのなら、それは、あなたのところにやってきません。

持ちたいもの、叶えたいこと、なりたい状態のある「理想の世界」に入るための「ヴォイド」では、いつでも、それが何であれ、〝私はそれを持つにふさわしい！〟〝私はそうなることがふさわしい！〟と思い、それゆえ「受け取ります！」と宣言するだけでいいのです。そうすれば、あなたはスコンと「ヴォイド」をぬけられます！

ちなみに、「私にふさわしい」という〝心的同意〟と、「受け取ります」という〝許可〟がないうちは、あなたは「ヴォイド」の中をさまようことになり、ぬけ道を見失います。

いつでも、あなたが〝同意〟と〝許可〟をし、そこにある望みを「叶える！」と決めたとき、運命は素早くシフトチェンジします。そのとき、あなたはまるでジェット気流に乗ったかのような早さで「ヴォイド」をぬけ、「理想の世界」に入ることになるのです！

*Chapter 4*

# 満たされた人生をエンジョイする！

もっと頻繁に、日常的にヴォイドをぬけると、
次元上昇が加速する！

# 手放すほどに、受け取れる！

## 何もかも、これっぽっちも自分に残さず手放すとき、奇跡が起こる！

39才で結婚したR子さんのエピソードを、ここではお伝えいたしましょう。

R子さんは、その年、それまで持っていたすべてを、何もかも、これっぽっちも残さず手放し、捨て、壊し、「ヴォイド」をぬけたことで、思いもよらぬ素敵なパートナーに出逢い、結婚することになったのです。

さて、そのR子さんには、高校生のときからつきあっていた彼がいました。二人はとても仲良しで、自分たちはもちろん、まわりの人も、将来は結婚するだろうと思っていました。そうして、実際、彼女は21才、28才、32才と、その彼と結婚する段取りをした時期がありました。が、そのたびに彼の家庭問題が災いして、その話が立ち消えるのでした。

20代の頃はともかく、30代を過ぎてからは、R子さんもあせっていました。それゆえ、どうにかして早く彼と一緒になりたいと、同棲を始めたのです。

しかし、その同棲生活は悲惨なものでした。ことあるごとに問題のある彼の親戚や母親がお金をたかりにきたり、遠い親戚の誰かの世話をR子さんに強要してきたり。その他、何かと問題やトラブルが多く、R子さんは精神的にまいってしまい、体まで壊してしまい、働きにいけなくなったのです。

このままでは何も幸せではない……。いったい、どうしたらいいの……。体調が悪くて働けないのに、助けてくれない彼って、どうなの? このままじゃ、二人の生活がどうこうというより、私のすべてがおかしくなる!

そんなことを思い悩み、心が揺れ動いていたある日、彼が浮気していることも発覚！

そこではじめて、揺れていた「ヴォイド」をぬけることになったのです！

まず、彼女は別れ話をし、彼との関係を壊し、自分が出ていくための小さなアパートを他に借りました。彼との同棲生活で使っていた家具や品物は、「もう、何も思い出したくない！」と、一つ残らず、すべて捨てました。

彼への思い、彼との思い出を手放し、これまで彼にもらったあらゆるプレゼントも一切、きれいに捨てました。

そうして、何もないガランとした部屋に一人でポツンとしていたのです。

ああ、早く働きにいかないと、家具一つ買えない……。

しかし、R子さんは体調が戻っておらず、それゆえ、正社員の仕事は難しいと悩んでいました。

そんな、何も考えられない、何も行動できない「空白」の時間の中にいたある日、友人から携帯に電話がかかってきたのです。

久しぶりに会うと、その友人は結婚して、子どもができたのだと言います。そして、いまとても幸せに暮らしているのだと。

それを聞いたR子さんは、思わず泣き出してしまいました。なぜか突然、大きなさみしさが襲ってきたからです。

そして、こう言ったのです。「ああ、あなたはそうやって、しっかり自分の人生を築いてきたのね。でも、私、実は……」

R子さんは自分が同棲していた彼と別れたこと、いま一人でいること、体調が悪くてあまりしんどい仕事はできないけれど、前に進むために、何かできることを探していることなどを話したのです。

すると、その友人は、

「そうだったのね……。何も知らなくてごめんさない。でも、仕事のことなら役に立てるかもしれないわ。

実は、うちの主人の勤めている会社で事務のパートの人を探しているのよ。ちょうど2か月前に辞めた人がいて、そのあと新しい人がまだ来ていないらしいの。そこは小さな会社で、あまり仕事量も多くなく、来客時にお茶を出したり、コピーを取ったりする程度らしいの。

それで、主人が、〝お前、パートするか？〟と私に言ってきたんだけど、やはり子どもを置いてまで仕事に出る気がしなくて。よかったら、主人に話してみるから、社長さんに会ってみない？　とても気さくで優しい人よ」

それを聞いたR子さんは「その会社に行ってみたい！」と思い、わくわくしたといいます。少しでも仕事をしていれば気持ちが晴れるだろうし、こちらの希望通りパートでいいなら気楽だし、友人のツテならいいかも。

面接に行くと、すぐに社長さんに気に入られ、働くことになりました。

会社に入ると、社長はそれはそれはよくしてくれ、R子さんが家具も何もない部屋にいるのだと話すと、「そんなことでは困るだろう」と、小さな家具をいくつかプレゼントしてくれたのです。他にも、食事に連れていってくれたり、何かと相談に乗ってくれたりします。

そのうちR子さんは社長に惹かれるようになり、「ああ、こんなに優しい人が夫なら、どんなにいいだろう。心丈夫だなぁ」などと考えていました。

そんなある日、突然、社長に「話があるから、会ってもらえないか」とプライベートで呼び出され、なんと！　プロポーズされたのです！

そしてR子さんはその社長と、出逢ってほんの4か月で結婚し、翌年には待望の赤ちゃんまで授かったのです！

そんなR子さんは、こう言っていました。

「やはりご縁があると、こんなにも早く物事は動くものなのね。前の彼とは結局、ご縁がなかったということなのかもしれない。だって、20年もつきあったのに、彼とは何もまともに動かなかったし、動きかけると、そのたびに壊れるのだから」

Ｒ子さんは現在、ご主人と二人のお子さんと、とても大きな豪邸に住み、豊かさに恵まれた毎日を、幸せに生きています。

それもこれも、あの日、長く持っていた「成就しない関係」を、潔くすべて捨てたからです！

その「過去」を清算するエネルギーは半端なく大きなものでしたが、それを惜しまず使ったからこそ、新しい人生に、「理想の世界」に入れたのです！

# サレンダーして、宇宙にゆだねる

ある意味、降参☆あなたが完全に無力になってこそ、宇宙は動ける

前項のR子さんのように、つきあっていた彼と破局し、その彼と一緒に住んでいた家もなくなり、仕事も失い、自分の生きる気力も、健康も、何もかもすべて失ってしまったというとき、「ヴォイド」は一番すんなりぬけやすかったりします。

しかも、新たな独り暮らしの家の中は、家具一つなく空っぽで、自分の心の中にも、ぽっかり穴があき、いったい、これからどうすればいいのかわからないという放心状

態に、R子さんはいたわけです。

そのとき、前に進むことも、退くこともできず、呆然とそこに立ちつくすだけか、へにゃへにゃと座り込んでしまうしかなかったわけです。

その状態は、完全に無力で、ある意味、すべてにサレンダーという、降参、お手上げ、まいった！　と、なっているような状態です！

**何を隠そう！　この完全無力の、サレンダー状態こそ、宇宙がもっとも素早く、かつ、強力に、あらゆる方法を使って、あなたを引き上げ、「ヴォイド」をぬけさせることができる瞬間なのです！**

ひとことでいうと、「あなたが完全無力であるほうが、宇宙は仕事がしやすい！」ということです！

考えてもみてください。人間というのは、いろんな考えを持っており、何かにつけ、「ああでないといやだ」「こうでないと気がすまない」「そういう形ではよろこべない」などと、好き勝手を言う生き物です。

「神様、これを叶えてください、よろしくお願いいたします！」と祈っていたとしても、神様のやり方や与えてくれたものに、ときに感謝もせず、文句すら言うことがあるものです。それは余計な頭の考えで、ハートを完全には空《から》にしていないからです。頑固な考えや、身勝手なエゴや、あれこれ多くの注文を持っているわけです。

そのとき、宇宙は、そのオーダーの制限の中でしか、その人のために動けなくなってしまうものです。

しかし、完全に、「もはや、自分は何も考えられない」「どうすればいいのかわからない」「神様、私をどうにでもしてください」というくらい、ハートの中から人生に対するすべての考えを捨てたとき、やっとその人は完全に空になったことになるわけです。

そのとき、宇宙は、その人から余計なものを受け取らなくて済む分、自由に、思うままに、あらゆる人や回路や方法を駆使して、どんなことも、どんな幸運も、どんな奇跡も、起こせるようになるのです！

それゆえ、あなたが自分自身や人生について、何かを思い悩み、人生が止まってしまったかのようになったときには、いつでも無力なまま、降参、お手上げ、まいった！し、サレンダー状態になり、あとのすべては宇宙にゆだねればいいのです！

**ゆだねるというのは、〝完全に、おかまかせする♪〟ということです！　それは、あなたは、何一つ口出しも、手出しもしないし、何が来ようと文句を言わず、ついていくということです！　素直に従うということです！**

といっても、心配はいりません。宇宙はあなたを決して悪いようにはしないからです！　おかしなものをこちらによこすことは、一切ないからです！

ちなみに、宇宙があなたのために動き出すとき、まず、最初、本当にささいな出来事を通して、ゆっくり、運命の歯車を動かします。そのとき、あなたは、まさかそれが、運命の最初の出来事だとは夢にも思いません。

そして、その運命の歯車にあなたがカチッとはまった、乗っかってきた！ というのを見届けて、宇宙はそのあと一気に物事を動かすのです！


そのとき、たいがい、あなたは誰かをふと気になり、連絡したいと思ってむしょうに会いたくなります。そして、その素直な気持ちに従うかのように、実際に、躊躇《ちゅうちょ》なく、すんなり、電話やメールやラインをします。

そして、そういうとき、いつもなら、なかなかつかまらない人がスッとつかまり、スムーズな流れが起きます。

あるいは、突然、思いも寄らない知人や友人から久しぶりの連絡が来るか、まわりの誰かに、のちにあなたにとって重要となるような人物をふつうに紹介されることになります。


そうして、宇宙は、その人たちを使って、一気に仕事をするわけです！

そのとき、あなたは、ただその流れについていくだけでよく、何も特別なことをする必要はありません。それが不思議な流れで驚いたと、あなたはのちに言うことになるわけです。

これこそが、宇宙が素早くあなたを「ヴォイド」からぬけさせ、自由に、強力に、急速に、あなたを引き上げ、幸運者にし、奇跡のような人生を届けてくれる流れなのです！

# もっと、一人になりなさい

## 「空」になる必要があるとき、不思議とあなたは、一人になりたがる

「ヴォイド」のとき、あなたは、「空《から》」になる必要があり、自分のエネルギーを浄化する必要があり、より純化する必要があります。

そう、宇宙が、あなたのために仕事がしやすいようにするために!

また、「空」になることによって、あなたが自分のエネルギーを浄化し、純化することが大切だからです。あなたが純化するほど、あなたの中の「空」の状態はレベル

が高く、波動が高い状態になります。

そして、あなたが真空で、波動が高いほど、「ヴォイド」はぬけやすいということです！

あなたは「空」になる必要があるとき、たいがい、突然、むしょうに、一人になりたいと思ったり、何かと一人で行動したりすることが多くなるものです。

また、自分以外の他人のエネルギーがとてもわずらわしく、邪魔で、払いのけたいと感じるものです。

それゆえ、人混みや、大勢の人が集まる場所から身をひいたり、誰かから一時的に離れたり、家族と離れて独り暮らしをしたり、自分のことを誰も知らない遠くの場所へ旅に出たいと思うことがあるものです。

そして、実際、そういう行動に出たりします。

一人でいるのが心地良くなり、自分の感性で生きるのが好きになります。そのとき、他人の意見を聞いたり、世間の常識という一般的な考えにのみ合わせたりして生きることに、まったく意味を感じなくなり、純粋に自分らしくあろうとします。

つまり、そうやって、あなたは自分のエネルギーフィールドを守り、浄化し、循環し、「空」になり、真空の波動の高い状態に至るということです！　そして、それは「ヴォイド」のとき、とても重要なことです！

さて、一人の時間を大切にしているときには、できるだけそのときの気分や、感覚や、直感のまま、動いてください。

そのときの気分や、感覚や、直感に従って動くということは、宇宙と同調して動いているということであり、運命があなたを連れていきたいところに、あなたはついていきやすくなるからです！

**その、気分や、感覚や、直感に従って動くというとき、一つだけ気にかけておきたいのは、「よろこびを優先する」ということです！**

できるだけ「よろこび」についていき、よろこびから生きてください。そして、日常に「よろこび」を増やしてください。

「よろこび」に生きるとき、あなたの心も体も魂も、かんたんに高い良質のエネルギーを生み出し、すんなり波動を引き上げます。

さて、本来、あなたが自分の波動を引き上げることさえしておけば、「ヴォイド」をぬけるだのぬけられないだのと、そんなことなど気にしなくても、また、そんなことに関係なく、勝手にそこを通過してしまうものです。

それに、波動さえ引き上げていたら、本来、自分の願いや夢や目標を叶えるために、しなくてはならないことはほとんどなく、もはや、自動的に、高い波動にみあった場所へと、運ばれます！

# 高いレベルの自分で生きる

## そこには、良いものがたくさんあり、もはや願いが叶うのは朝飯前♪

より高い波動レベルの自分で生きると、あなたの人生は、あらゆることに快適さを増し、何かと満たされ、思い通りの人生が叶いやすくなるものです。

それは、高いレベルの世界には、目の前をさえぎるものや、何かと邪魔するものや、障害物が、あまりないからです。

たとえばそれは、より高い領域を飛ぶ飛行機を思い浮かべるとよくわかるでしょう。

高いレベルにいる限り、それより低いレベルの領域にある山々や、電線や、にょきにょき立っているマンションや、地面に転がっている数々のものなど、何の問題も感じないということです。

高いレベルを飛んでいさえすれば、そういったものとは無縁でいられ、トラブルになることもなく、足を引っ張られることもなく、ふれる心配もなく、悠々と大空を飛んでいられるものです。

しかし、いったん高度を下げて降りていくとなると、そうはいきません。やっかいなものにはふれないよう、細心の注意が必要になるわけです。

**わかっておきたいことは、あなたが波動を下げ、低い精神レベルで生きる世界には、何かとあなたを悩ますものが多くあるということです。それゆえ、波動を上げ、高い精神レベルで生きることが大切だということです！**

低い波動の世界には、不安、心配、恐れ、悩み、問題、争い、苦痛、障害、失敗、不運が、つきものです。そこには、痛くて、辛いものが、多いものです。そこでは、幸せや成功や豊かさと、縁遠くなりがちです。

しかし、反対の、高い波動の、高いレベルの世界では、愛、平和、調和、よろこび、協力、成功、繁栄、幸運に、恵まれているものです。

それゆえ、その世界では、幸せがあり、余裕があり、何でもかんたんにうまくいき、良い形で広がり、もっと大きく繁栄し、飛躍成功するのです!

さて、**あなたが、高い波動の、高いレベルの世界に入るための、良い方法があります! それは、素敵な夢や、わくわくする願いや、大きな目標や、高い志を持つことです!**

そういったもの持つと、人の視線は引き上げられ、感性が豊かになり、生き方が変わってきます! 善きものを目指すと、自然に、人は、質の高い人生をめざし、正しい努力ができ、より素晴らしい人生を叶えやすくなるものです。

そのとき起こる「ヴォイド」は、さらに、夢のような素晴らしい世界へと、いくらでも引き上げてくれるようになるものです!

# 進んでヴォイドの中に入りなさい

あなたが、より良くなりたいだけ、
昇りたいだけ、チャンスはつくれる!

「ヴォイド」は、誰の人生にも起こる〝上昇のはざま現象〟です!
それは、あなた自身や、あなたの人生を、最善に導くために起こる宇宙からのプレゼントです!　必要な気づき・変化・成長を促すものでもあります。

宇宙から、気づき・変化・成長を促されるときは、いつでも、あなたの波動が変わるべきときであり、魂が正しく進化しようとしているということです。それゆえ、素直に「ヴォイド」に向き合い、前に進んでほしいのです。

また、あなたは、なにも「ヴォイド」がくるのを、「いつ、それは自分にくるのだろうか」と待っている必要はありません。

あなたがそれを待たなくても、それは正しいタイミングで起こるものであり、それが来たらあなたの人格がわからなくても、魂はわかっており、受け止め、ぬける方法をあなたにちゃんと持たせてくれるからです！

そして、**ここでお伝えしておきたい大切なことは、あなたが、これからの人生を生きていくうえで、いろんな場面で、「より良くなりたい！」「ここで、引き上げられたい！」「もっと高みに昇りたい！」「人生を好転させたい！」というときには、進んで自ら「ヴォイド」をつくりだし、その中に入っていいということです！**

そうすれば、あなたの進化は加速し、よりスピーディーに、飛躍成功した人生に入っていけるからです！

つまり、それは、あなたが不本意な状況や場面や時間の中にいるときには、素早くそこをぬけ、より良い状態に入っていくために、何かを「捨てる」「手放す」「壊す」ことを、自発的にしてもいいということです！

運命は、あなたの手中にあります！　それを宇宙はサポートするだけです！　しかし、あなたの運命をより良い方向に動かすべき時期に来ているのに、あなたが自らそうしないとき、宇宙が強制的にそこに割って入るとき、「ヴォイド」が起こるわけです！その場合、あなたは戸惑うこともあるものです。というのも、そのときこそ、運命のときだとは知らないからです！

けれども、運命は自分の手中にあるということを、あなたが最初からわかっていたら、不本意なものが来たときには、「これはほしくない！」とわかりますし、そのために、自発的に「捨てる」「手放す」「壊す」という行為を通して、すべてをより良くしていってもいいのです。

そうすれば、強制的な宇宙の介入が入る前に、「ヴォイド」を自ら、うまくぬけられるからです！

あなたの心が、「何かが違う」「こうではない」「この人ではない」「自分の居場所はここではない」「もっと他があるはずだ」「もっと上に行きたい！」「本当の幸せをつかみたい！」と、小さな声を内側に発しているときに、その声に即座に向き合うことで、あなたが「ヴォイド」をぬけるスピードはますます速くなります！

そして、その分、ますます早く、あなたは次元上昇し、スピーディーに人生をランクアップさせることができるのです！

**そのとき、時間の経過はとても早く感じられるのに、まわりの景色はスローモーションのように感じるものです。それこそが、あなたが以前より進化した証拠であり、生き方に余裕ができたというサインです！**

そう、一度、自分が通過した場所はもう経験済みなので、通過するとき、すべてのことがよくわかるから、まわりの景色がスローにみえるということだったのです！

# 入って、フローを起こす！

「ヴォイド」の素晴らしさは
あなたをこれまで以上に幸運化する♪

この「ヴォイド」は〝上昇のはざま現象〟であり、飛行機が乱気流をぬけ、より上空へと入り、安定フライトの領域に入るのと同じ作用を持つものです。
それゆえ、あなたの波動や魂や人生を〝上昇させることが大前提のもの〟であり、あなた自身やあなたの運命をさらに飛躍させ、幸運化させるためのものです！　また、それは、あなたが引き上げられる必要のあるときには、この人生に何度でもやってくるものです。

一時的に不安定な状態になるものの、その先には、必ず、より良い世界、より高いレベルの人生が「約束」されているので、人生に何度「ヴォイド」が来ても、何も怖くありません。あなたは、ただ、より良く進化することを楽しんでいればいいだけです。

そして、実際、「ヴォイド」をぬけるのは怖いことではなく、むしろ、ある意味、とても楽しく、おもしろいものです。というのも、

「今度は、どんな自分になるのかな？」

「今度は、どんな素晴らしい人と出逢えるかな？」

「今度は、どんな夢が叶うかな？」

「今度は、どんな奇跡が起こるのかな♪」

「今度は、どんなすごい人生へと招待されるのかな？」

と待ち遠しく、わくわくして、しかたないからです！


わかっておきたいことは、**宇宙は、あなたの人生に、幾度かの辛い時期をもたらした分、よろこびに満ちた時期や、夢のような時期も、その何倍もの規模で用意してく**

**れているということです！**

とにかく、「ヴォイド」は、あなたをより高みへと引き上げるきっかけです！　それまでのうまくいかなかった状態や、辛かった状態、不本意な状態をぬけられるもので、ぬけたあとには、夢のような理想の人生が、スコン！　と姿を現わします！

そのとき、あなたは何かをしようとか、努力しようと、がんばる必要はありません。というのも、「ヴォイド」をぬけるときに、必要な努力をすべておこなってきたからです！

そして、「ヴォイド」をぬけると、生気を取り戻し、気力やパワーがみなぎります！その高いパワーが自分の内側から外側にも影響し始め、運が良くなり、ツキとチャンスに恵まれるようになり、人生のあらゆる領域が好転します！

また人生が新たな場面に切り替わっており、そこに新たな人たちが投入されます！あなたは、出逢うべき人に、出逢うべくして出逢い、感動的な出来事に恵まれるようになります！　その新しい人たちは、新たな情報や、新たなチャンスをたくさん抱えており、惜しみなくサポートしてくれ、あらゆる可能性に満ちているものです！

タイミングよく物事が起こり、円滑現象やシンクロニシティ、フロー、セレンディピティに、日常的に頻繁に遭遇します！

魅了される不思議な出来事や場面を通して、魂の計画した壮大な人生が目の前に広がり、いやでも、あなたは「思い通りの人生」へと入っていくのです！

それゆえ、ここからの人生、もし、何か不本意なことや、「こんなはずではなかった」というようなことや、「もっとこうなりたい！」「これを叶えたい！」という願いや夢や、希望や理想と出逢ったときには、自発的に、何度でも「ヴォイド」をぬけてください。そして、あなたが本当に叶えたかった人生を、よろこばしく叶えてください！

宇宙は、まだまだ、いまのあなたが知らない素晴らしい人生プランと、感動的な奇跡を用意して、待ってくれているのですから！

## 感謝をこめた「あとがき」
# あなたがより楽に生きられる宇宙の法則

良いも、悪いも、ない☆
あるのは、そのときのあなたに必要な体験だけ！

思えば、これまで私は、いくつもの「ヴォイド」を超えてきた気がします。

そして、その「ヴォイド」は、いつも、何かがうまくいかなくなったり、誰かと別れたり、自分の居場所がなくなったり、自分自身を見失ったりしたときに、訪れました。

また、ときには、何をして生きていけばいいのかわからなくなったり、お先真っ暗な状態になったり、人生に絶望しているときにも。

そんな「ヴォイド」のとき、人はとても不安になるし、泣きたくなるし、怖いものです。それでも変化の中をすりぬけるしかなく、人はそこで必死に生きています。

それゆえ、私がここでお伝えしたいことは、**「ヴォイド」という〝上昇のはざま現象〟の中にいるときには、震えている自分をしっかり抱きしめてほしいということです。自分自身に思いやりと理解を持っていてほしいということです。つまり、愛を持ってということです！**

いつでも、愛が不安定な領域をうまくぬけられるようにしてくれるものだからです！　愛が恐れを砕き、目の前を明るくし、あなたが進む道を照らし、歩く速度を速めるものだからです！

主婦から作家になるときに、私はすべてを捨て、東京に来ました。そして、何も持っていないからこそ、すべてを持つことができたのです。しかし、人生は、それで終わりではありません。

どんな世界でもそうですが、より多くの人とかかわり、より大きな仕事をするほど、より高いレベルや、より大きな結果を求められるようになるもので、厳しい要求もあったからです。

そのとき、私は進んで、自ら「ヴォイド」の中に入っていきました。ときには、こだわっていた何かを捨て、柔軟さを持ちました。これまでのテーマを変え、新しいテーマをみつけたりもしました。また、ときにはつきあう会社を変え、新しい会社と取引したりもしました。

もはや自分に合わないものは、それが何であれ潔く捨てましたし、新たに興味を抱かせてくれるものは、進んで持つようにしました。

そうやって、「さらに飛躍するため」に、いろんな「ヴォイド」を超えてきたのです。

しかし、ここでわかっておきたいことがあります。より高くといっても、人は際限なく高みに昇れるものではないということです。

あるとき私は過労で倒れ、それまで入っていた仕事を1年分キャンセルしたことがありました。

そのとき、いろんな思いが私を苦しめました。倒れたというのは、間違ったことをしていたからでしょうか？


いいえ、そうではなく、する必要のないことまでしすぎていた、キャパオーバーというだけのことだったのです。それゆえ、私は重荷を手放し、より楽に前に進める仕事のしかたにシフトしたのです。

すると、心と体は調子を取り戻し、上手に新しい自分とつきあうようになりました。

そこには、昇る・昇らないにまったく関係のない、「新たなステージ」が目の前にあっただけでした!!


**新たなステージというのは、その人の最善を知っており、その人の最善を叶えるために用意されているものです！**

それゆえ、「ヴォイド」をぬけて、スコンとその領域に入ったとき、私はすべてが楽になり、笑いながら、楽しい仕事を、自分をわかってくれる人たちと一緒に、仲良くやっていくことが叶ったのです！

とにかく、「ヴォイド」をぬけて、新たな場所、理想の世界にたどり着いたとき、「これだ！　こういう人生を叶えたかったんだ！」と、本当に叶えるべき人生をやっとつかんだ気がして、うれしくなるものです。

「ヴォイド」をぬけると、そこには最善の状態と、大きなよろこびがあり、前とはくらべものにならない、見違えるような素晴らしい世界、申しぶんのない幸せな人生があります！

が、それと過去の自分をみくらべて、「ああ、あのときの自分は間違っていた」「あの頃は、たいしたことのない人生だった」「昔の人生は、失敗だった」「あれは後悔でしかない。恥ずべきものだ」などと、思わないでほしいということです。

というのも、あなたは何も間違っていないし、何も失敗していないし、後悔すべきもものも本当は何もないからです！

むしろ、そう言いたくなるような、暗く、冷たく、辛い、苦い、痛い人生を経験してきたからこそ、いま、ここにいるということであり、すべては正しかったということだからです！

そう、何かがうまくいかないということも、確実にすべてがうまくいっているという証拠であり、そのすべてを見守る宇宙の愛が、どんなときでもあなたを全力でサポートし、願いや夢が叶った理想の世界に連れていってくれるからです！

著者　佳川奈未

## 佳川奈未　最新著作一覧☆

- 『宇宙は、現象を通してあなたに語る』…… ビジネス社
- 『たちまち、良縁で結ばれる、悪縁の切り方』…… 青春出版社
- 『「いいこと」ばかりが起こりだす　スピリチュアル・ゾーン』…… 青春出版社
- 『「約束」された運命が動きだす　スピリチュアル・ミッション』…… 青春出版社
- 『人生の教訓』☆大自然に習う古くて新しい生き方…… 青春出版社
- 『ほとんど翌日　願いが叶う　シフトの法則』…… 青春出版社
- 『ほとんど毎日　運がよくなる　勝負メシ』…… 青春出版社
- 『すべてを手に入れる最強の惹き寄せパワーハウスの法則』…… 青春出版社
- 『宇宙から答えをもらうシンボリック占い』…… 青春出版社
- 『幸運予告』（初めての語りおろし特別CD付／約40分収録）…… マガジンハウス
- 『幸運Gift☆』《エイベックス歌手デビュー CD付》…… マガジンハウス
- 『富裕の法則』竹田和平&佳川奈未　共著…… マガジンハウス
- 『成功チャンネル』…… マガジンハウス
- 『恋愛革命』…… PHP研究所
- 『運命の人は探すのをやめると現れる』…… PHP研究所
- 『強運な女の心の持ち方』…… PHP研究所
- 『あなたの中のなんでも叶える“魔法の力”』…… PHP研究所
- 『未来想定でみるみる願いが叶う』…… PHP研究所
- 『望みのすべてを必然的に惹き寄せる方法』…… PHPエディターズ・グループ
- 『効果的にお金を惹き寄せる魔法のルール』…… PHPエディターズ・グループ
- 『自分で運命調整する方法』☆佳川奈未本人登場！ DVD（52分収録）…… 講談社
- 『運のいい人がやっている気持ちの整理術』…… 講談社
- 『怒るのをやめると奇跡が起こる♪』…… 講談社
- 『“結果”は、自然に現れる！』…… 講談社
- 『ひとりでに願いが叶う魔法のノート』…… 講談社
- 『あなたの中の“叶える力”を200%引き出す方法』…… フォレスト出版
- 『働かない働き方』…… トランスワールドジャパン
- 『マーフィー　奇跡を引き寄せる魔法の言葉』…… 日本文芸社
  ジョセフ・マーフィー　著／佳川 奈未　監訳

**※その他の書籍や、電子書籍、PODブック、佳川奈未に関する情報は下記へ♪**
『佳川奈未公式☆奇跡が起こるホームページ』　http://miracle-happy.com/

**※佳川奈未の個人セッションや各種講座が受けられる♪**
『ホリスティックライフビジョンカレッジ』　http://holistic-life-vision24.com/

## 佳川 奈未（よしかわ　なみ）プロフィール

作家。作詞家。神戸生まれ。現在、東京在住。
株式会社クリエイティブエージェンシー 会長。
「ホリスティックライフビジョンカレッジ」主宰。

生き方・願望実現・夢・お金・恋愛・成功・幸運をテーマにした著書累計は、150冊以上。海外でも多数翻訳出版されている。アンドリュー・カーネギーやナポレオン・ヒルの「成功哲学」「人間影響心理学」、ジョセフ・マーフィー博士の「潜在意識理論」などを30年に渡り研鑽。その学びと実践から独自の成果法を確立させ、「夢を叶える自己実現」「成功感性の磨き方」を通して、人々の理想のライフワークの実現に取り組んでいる。2008年4月、ニューヨーク・カーネギー・ホールで公演。ニューヨーク・国連本部・UNICEF代表者とも会談。慈善事業にも関心を寄せ、印税の一部を寄付し続けている。2009年2月、エイベックスより「幸運Gift☆」で作詞と歌を担当し、歌手デビュー。(デビュー曲はエイベックス&マガジンハウス夢のコラボCD付Book『幸運Gift』として発売)
執筆活動の他、ディナーショーや公演、講演、セミナー、個人セッション、音楽ライブ、ラジオ出演、音声配信番組などでも活躍。

精神世界にも精通しており、スピリチュアルなテーマを実生活に役立つ形で展開。潜在意識活性法や能力開発、願望実現などの各種講座を開催。講座や個人セッションには、カウンセラーやヒーラー、医師や経営者や著名人、海外からの参加者も多い。
臼井式レイキ・ヒーラー。エネルギー・ワーカー。ホリスティック・レイキ・マスター・ティーチャー。

著書に、『宇宙は現象を通してあなたに語る』（ビジネス社）、『人生の教訓』『ほとんど翌日願いが叶うシフトの法則』『すべてを手に入れる最強の惹き寄せパワーハウスの法則』『たちまち、良縁で結ばれる、悪縁の切り方』『宇宙から答えをもらうシンボリック占い』（以上、青春出版社）など多数。

**★佳川奈未公式オフィシャルサイト**
『ミラクルハッピーなみちゃんの奇跡が起こるホームページ』
http://miracle-happy.com/

**★佳川奈未オリジナルブランドグッズ通販サイト**
『ミラクルハッピー百貨店』HP
http://miraclehappy-store24.com/

**★佳川奈未主宰の各種講座や個人セッションが受けられる！**
『ホリスティックライフビジョンカレッジ』HP
http://holistic-life-vision24.com/

あなたの願いがいきなり叶う☆「ヴォイドの法則」

2019年5月12日　第1刷発行

著　者　　　佳川奈未
発行者　　　唐津 隆
発行所　　　株式会社ビジネス社
〒162-0805　東京都新宿区矢来町114番地 神楽坂高橋ビル5階
電話　03(5227)1602　FAX　03(5227)1603
http://www.business-sha.co.jp

印刷・製本　大日本印刷株式会社
〈本文組版〉茂呂田剛(エムアンドケイ)
〈編集担当〉山浦秀紀
〈営業担当〉山口健志


ISBN978-4-8284-2098-1